JN063812

我が師・志村けん

僕が「笑いの王様」から学んだこと

乾き亭げそ太郎

集英社インターナショナル

本文構成　布川剛
装丁・本文デザイン　大森裕二
協力　イザワオフィス
　　　太田プロダクション
　　　鹿児島テレビ放送株式会社

序章

動いてみれば、答えは出る

中3のときの僕。ザ・ドリフターズの大ファンだった

「俺から教えることは何もないぞ」

その日、僕は麻布十番の喫茶店『ぱぽた～じゅ』にいました。

前日は一睡もしていません。しかし、まったく眠くありませんでした。むしろ緊張で頭はさえわたっていました。

どれくらい待ったでしょうか。お店のドアが開き、その人が入ってきました。キャップをかぶり、セカンドバッグを脇に抱えています。

「うわっ、本物の志村けんだ！」

思わず心の中で叫びました。

それが初めて志村さんと出会った瞬間です。

とはいえ、この日のことはあまり覚えていません。僕はまず自己紹介をして、「コントの勉強をしたいと思っています」と言いました。それから三〇分ほど話をしたのですが、どんな会話をしたのか、ほとんど記憶にないのです。あまりに緊張しすぎていたからでしょう。

お会いしたときの第一印象は、

「静かな人だな」

というものでした。わりとボソボソしゃべる感じで、声も小さいのです。僕は単純に「志村さんはコントのままの人なのだろう」と思っていましたから、そこは意外でした。

「お前、タバコは吸うのか？」

そんなことを言われたのは覚えています。「吸います」と答えると、

「じゃあ、これ、やるよ」

と志村さんは百円ライターをくれました。ついさっき自分のタバコに火をつけた百円ライターです。そしてボソッと言いました。

「笑いは正解のない世界だから、俺から教えることは何もないぞ」

もう一つ覚えているのは、「師匠とお呼びしていいですか」と聞いたことです。

「田代（まさし）とか桑野（信義）は俺を『師匠』って呼ぶけど、実際の弟子からそう呼ばれるのは恥ずかしいから『さん』でいいよ」

志村さんは照れくさそうに言いました。それから僕はずっと「さん」づけで呼んでいたのですが、正直、いろいろな方が志村さんを「師匠」と呼んでいるのが羨ましかった。一度でいいから自分も師匠と呼んでみたかったと、今もときどき思います。

一方の僕は、志村さんから「信一」と呼んでもらうことになりました。苗字の櫨木は呼びづらかったからでしょう。その後しばらくは「おい、信一」と呼ばれるたび、スーパースターの身近な存在になれたという嬉しさ、そして「これは現実なんだろうか？」という不思議な気持

ちを味わったのでした。

家出

僕はその日、どうして志村さんに会うことができたのか。これについては何をどこから書けばいいのかちょっと迷うのですが、ともかく僕なりに、それまでの経緯を書いてみたいと思います。

一九九四年、秋のある日のことです。

「志村さんの弟子になろう」

僕はそう決意しました。

当時は警備会社で働いていて、仕事にさしたる不満はありませんでした。同棲している彼女がいて、友達とも楽しく遊んでいました。中古ですが、車も買いました。順風満帆とまではいかないにしても、それなりに充実した毎日だったわけです。しかし一方で、

「これでいいのか？」

という強い思いが胸にありました。

僕が東京に出てきたのはその六年前、十七歳の夏でした。少年にしては大金の、東京に行くには心細い一〇万円を握りしめ、生まれ育った鹿児島をあとにしました。家出です。

「東京に行きます。さようなら」

両親にはそんな書き置きを残しました。

上京したのは、芸人になりたかったからです。兄が住んでいた練馬区のアパートに厄介になった僕は、テレビ局で大道具のアルバイトをしたり、俳優養成所に通ってみたり、芸能界への足がかりを見つけようとそれなりに行動しました。しかし、結局どれも中途半端なまま。いつしか目的を忘れてしまいました。

しかし、生活がそれなりに安定してきた上京六年目、

「俺は何のために東京に来たんだ?」

と考えるようになったのです。

子どもの頃から、僕はお笑いが大好きでした。ザ・ドリフターズや萩本欽一さんの番組を毎週欠かさず見ていて、自分もいつかドリフターズのようなグループを結成したい——と夢想していました。

『8時だョ!全員集合』の放映が終わった一九八五年。当時中学生だった僕は「何だよ……」とひどくガッカリしましたが、翌年から始まった『加トちゃんケンちゃん ごきげんテレビ』は衝撃でした。それまで見たどのお笑い番組よりも面白かったのです。とりわけドラマ仕立てのコントが最高で、「『全員集合』よりも面白いんじゃないか?」と思ったほどです。

僕はその頃から、

「自分も志村さんみたいになりたい」

と思うようになりました。その後、志村さんがクイズ番組やトーク番組にはほとんど出ず、コントだけにこだわっていると知って、ますます憧れ（あこが）ました。

僕は高校をたった三ヵ月で中退しています。その後は定職につかず、アルバイトを転々としました。そんなふうにフラフラと生きている僕にとって、コント一本で勝負している志村さんは単に面白いだけの人ではなく、かっこいい人でもありました。一つの道をきわめようとする職人気質が、たまらなくかっこよく思えたのです（同じ理由で『男はつらいよ』シリーズに集中していた渥美清さんにも憧れました）。

アポなし訪問

話がいきなり脱線気味になってきたので、元に戻します。

「志村さんの弟子になろう」

そう決意した僕は、同棲している彼女に、

「やっぱり芸人になりたい。志村さんの下で勉強したい」

と思いを告げました。

一緒に住むようになって二年が過ぎていました。互いにそろそろ結婚を考えるようになっていた時期でしたから、当然反対されました。この先どうなるかわからないような仕事はやめてほしい。そんなことを言われた気がします。

「三ヵ月だけ時間をください。それでどうにもならなかったら、芸人の道は諦める」

そうお願いしてどうにか了承してもらったのですが、どうすれば志村さんの弟子になれるのか、まるでわかりませんでした。

弟子になるためには、ともかく志村さんに会わないといけません。しかし、どこに住んでいるのかわからないし、それを調べる手立てもありません。

「どうすればいいんだろう……」

あれこれ考えてもやっぱり答えが出なかったのですが、ある夜、志村さんの番組を見ていて

「あっ！」

と気づきました、番組のエンドロールにいつも「制作・著作 イザワオフィス」と出ていることに気がついたのです。

僕はその頃、イザワオフィスが志村さんの所属事務所であることなんて、まったく知りませんでした。しかし、いつも名前が出ているのですから何か関係があるはずです。

「ここを訪ねればどうにかなるかもしれない」

そう思いました。

翌日、イザワオフィスの住所を調べました。住所といえば、今ならインターネットで調べるものでしょうが、当時は電話帳です。公衆電話のタウンページで「イザワオフィス」を調べ、住所をメモして帰りました。履歴書を書き、さらに志村さんに見てもらうためにコントのネタを原稿用紙にたくさん書きました。

そしてイザワオフィスをアポなしで訪ねたのです。

次に進むために必要なこと

この話を人にすると、たいてい驚かれます。「よくそんな思い切ったことをしたね」と。とはいえ、自分としては特に勇気を振り絞った感じはありませんでした。心配や不安もさほどなかった気がします。

これはたぶん、相田みつをさんの影響です。相田さんの名言の一つに、こんな言葉があるのです。

「とにかく具体的に動いてごらん。具体的に動けば具体的な答えが出るから」

この言葉がなぜか昔からずっと僕の心の中にあって、イザワオフィスに行くときも「とりあえず動いてみたら良いも悪いも結果が出るだろうから、あまり深く考えずに動いてしまおう」

という感じだったのです。

うまくいけば、志村さんの弟子になれる。ダメだったら、芸人は諦めて真面目に働く。どっちに転んでも次に進めます。「俺は何のために東京に来たんだ？」と自問自答をするばかりの中途半端な状態からは解放されるわけです。

それでも緊張はしました。ものすごく緊張しました。イザワオフィスに行ったら、そこに志村さんがいるかもしれないのですから。

イザワオフィスは赤坂にありました。大きなビルがまるごとオフィスになっているのだろうと何となく想像していましたが、いざ訪ねてみるといたって普通のビルで、三階のワンフロアが事務所になっていました。

ドキドキしながらインターホンを押しました。ドアを開けた事務の女性に向かって僕は頭を下げ、履歴書とネタが入った封筒を差し出しました。

「ハゼキシンイチと申します！」

「志村さんの下で勉強したいと思っています！」

「ネタも書いています！」

「どうかよろしくお願いします！」

事務の女性は一瞬、困惑した表情を浮かべました。しかし、すぐに平静を取り戻して言いました。

「実は今、アルバイト雑誌で志村の運転手を募集しているんです。ハゼキさんは運転免許を持っていますか？」

そうなんです。僕はまったく知らなかったのですが、このとき偶然にもイザワオフィスでは「志村けんの運転手募集」という求人広告をアルバイト雑誌に出していたのです。

日本の成人の七割は保有していると言われる普通自動車免許。それをあなたは持っていますかと聞かれた僕は、かなりのドヤ顔で答えました。

「持ってます！」

数日後。イザワオフィスのマネージャーさんと面接がありました。僕はその席で、子どもの頃からドリフターズと志村さんが大好きだったこと、志村さんの下で勉強して芸人になりたいということを熱く語りました。

やれることはやった。面接を終えて、そう思いました。あとは結果を待つだけです。


「俺はこれから志村けんに会うのか……」


二週間ほどして、自宅アパートの電話が鳴りました。

「イザワオフィスです」

この言葉を聞いた瞬間、心臓が高鳴りました。

「はい」

声は緊張で少し震えていたと思います。心臓の鼓動がどんどん速くなっていくのを感じながら、次の言葉を待ちました。

「採用になりました」

やったあ！

大声が出そうになりましたが、グッとこらえました。ここで変に喜ぶと「こいつはただのミーハーで、単に志村けんに会いたいだけの男じゃないか？」と誤解されるかもしれないと思ったからです。

努めてクールに「ありがとうございます」と答える僕。しかし心の中は違います。きわどい衣装を着たお姉さんたちがサンバを踊っています。大漁旗も振られています。大騒ぎです。

電話を切ったあと「よっしゃあああ！」と、叫びました。そうして「志村さんに付けるなんて、すごすぎる」とひとしきりドヤったのですが、ふと我に返りました。

「俺はこれから志村けんに会うのか……」

最高の喜びが、猛烈な緊張に変わったのです。

時に僕、二十三歳。あとで担当マネージャーさんに聞いたところでは、志村さんはそんなに弟子を取らないという話でした。ですから、たとえば僕が二十二歳のときにイザワオフィスを訪ねていたとしても、弟子になれなかった可能性が高いと思います。その二年前でも、その三年前でも、やはり弟子入りは難しかったでしょう。

つまり、上京六年目というのはタイミングがすごくよかった。そう考えてみると、フラフラしていた六年間はまるっきりのムダではなかったかなとも思います。

面接は一〇〇人くらい受けたという話でした。このうち採用されたのは二人。運転手の僕と、志村さんの身の回りの世話をする佐久間晴美という女性でした（ちなみに僕たちはイザワオフィスではなく、志村さんの個人事務所「エスカンパニー」に採用された形です）。

採用を告げる電話から、およそ一ヵ月半。

ついに志村さんと会うことになりました。それが冒頭に書いたシーンです。志村さんのマネージャーさんに連れられた僕と佐久間は、麻布十番の喫茶店『ぱぽた〜じゅ』でマックスに緊張しながら志村さんを迎えたのでした。

第一章

仰げば尊し

志村さんから教わった大切なことの数々

リンカーンのリムジン。駐車スペースを探すのも大変でした

赤信号のたびにお辞儀

運転手として採用された僕はまず、志村さんの自宅近くに引っ越しました。

当時、志村さんが所有していた車は二台。ベンツのリムジンと、キャンピングカーです。僕が運転するのはたいていリムジンで、これは車長が七メートルほどもあり、もちろん左ハンドルです。そんな車で都内の道を運転するのかと思うと、かなり怖かった。しかも後部座席には志村さんが乗るのです。

最初は先輩のOさんに付いてもらって、道を教わりながら慎重に運転しました。リムジンにもキャンピングカーにもカーナビは付いていませんでしたから、とにかく道を覚えることに集中しなければいけません。

しかし、後部座席の志村さんがどうしても気になってしまう僕。バックミラーをチラチラ見ながら運転していると、志村さんは赤信号で止まるたびに道行く人にお辞儀(じぎ)をしています。

「すごいなあ。志村さんは大スターなのに、いろいろな人にお辞儀しているんだ……」

ものすごく感心した僕は、たまたま二人で食事をすることになったとき、おそるおそる聞いてみました。

「志村さんは本当にすごいですね」

「何が」

「いや、信号で止まるたびに道行く人にお辞儀しているのは、すごいと思います」

「バカヤロー、あれはお前がブレーキを強く踏むからだろ！」

そうなんです。志村さんがお辞儀しているように見えたのは、僕が緊張しまくってブレーキを強く踏んでいたからだったのです。

志村さんはおそらく、「もう少しソフトに踏めよ」と思っていたはずです。しかし、何も言いませんでした。僕が極度に緊張していることを見てとって、強すぎるブレーキングを我慢してくれていたのでしょう。

巨大なリムジンを運転しながら一番気を使ったのは、傷をつけないことでした。ところが付き人になってから三ヵ月ほどが過ぎたある日、やってしまいました。志村さんを降ろしたあとにドアのところを擦（こす）り、大きな傷をつけてしまったのです。

その瞬間、血の気が引くのを感じました。何とかごまかせないか？　チラリと考えましたが、やっぱり正直にあやまるしかありません。お酒を飲んで戻ってきた志村さんに、僕は頭を下げました。

「申し訳ありません！　擦ってしまいました！」

するると志村さんはひとことだけ、

「おお、まあ仕方ねえな」

あのときなぜ怒られなかったのか。理由を聞いたことはありませんが、慣れない僕を大目に見てくれたのだと思います。

「お前、何ガンつけてんだよ」

志村さんに付いてすぐ、『志村けんのバカ殿様』の収録がありました。

まず驚いたのは、セットの大きさです。スタジオ二つ分もあり、カメラが一〇台ほども並んでいたのです。大道具のアルバイトを経験していた僕ですが、それほど巨大なセットは見たことがありませんでした。ゲストで来る俳優さんの中には、「大河ドラマみたいなセットだ！」と驚く人もいると、あとになって聞きました。

一つのコントを撮るのに、ものすごく時間をかけていることにも驚きました。カメラのアングルを変えたり、セットを変えたり、あるいは小物にもあれこれこだわって、本当に入念にコントを作り込んでいくのです。

初めて行った『バカ殿様』の収録現場では、今も強烈に記憶に残っている出来事がありました。共演者のみなさん、スタッフのみなさんにあいさつをしたときのことです。

「このたび志村さんの付き人になりましたハゼキシンイチです、よろしくお願いします」

そう言って頭を下げると、田代まさしさんがいきなり近寄ってきました。そしてこう言ったのです。

「お前、何ガンつけてんだよ」

いったい何のことなのか、最初はまったくわかりませんでした。「えっ？」と絶句する僕に、田代さんはなおも言いました。

「お前、さっきから俺をにらんでたろ？」

もちろんそんなことはしていません。「田代さんだ！」と憧れの眼差しで、ちらっと見ただけでしたから、必死に否定しました。

「いえ、そんなことはしていないです。にらんでないです」

それでも田代さんは、

「にらんでたろ。なあ、こいつ、俺をにらんでいたよな？」

とまわりの人たちに聞いたりしたので、僕はもう泣きそうになりながら、さらに必死に「本当にそんなことしてないです」と訴えました。

すると田代さんは怖い顔をしたまま、しばらく黙り込みました。そしてニコッと笑い、

「なーんてね。ドッキリでした〜」

と言ったのです。その瞬間、全員が大笑い。しかし僕はまったく笑えず、ヒザが崩れそうに

なるくらいに力が抜けました。「よかったあ……」とホッとしたのと同時に、何だかすごい世界に飛び込んでしまったのだなと身震いしたのでした。

「それが辛いときのリアクションだ」

収録にはセット替えというものがあります。

たとえば『バカ殿様』の場合、スタジオには三つも四つもセットが組んでありました。部屋のシーンをまず撮って、次に庭のシーンを撮り、その次は廊下のシーンを撮る――という具合に、セットからセットへ移動しながら撮影していくのです。

次のセットに移動しても、すぐに撮影が始まるわけではありません。カメラさんや照明さんなどがいろいろなチェックをするからです。これをセット替えというのですが、あるときセット替えの待ち時間に、志村さんから不意に、

「二度見をやってみろ」

と言われたことがありました。

「えっ!」

焦りました。心の準備はまったくありませんし、それまで二度見なんてやったことはありません。もちろんやらないわけにはいきませんから、志村さんの二度見をイメージして、足を震

わせながら何とかやりました。

「硬いな」

志村さんは言いました。そして、おもむろに立ち上がり、なんとその場で二度見をやってくれたのです。感動する前に、ビックリしました。残像を持ち帰り、家で何度も練習してみましたが、その成果はいまだに心もとない感じです。

これも志村さんに付いたばかりの頃の出来事ですが、仕事が終わったあと、麻布十番の焼肉屋さんに連れて行ってもらいました。席について、お肉が運ばれてくるのを待っていると、志村さんがいきなり青唐辛子を差し出しました。

「生で食べてみろ」

これ、絶対辛いやつじゃないか！　当時甘党だった僕は一瞬躊躇(ちゅうちょ)しましたが、「嫌です」なんて言えるはずはありません。

「いただきます」

思い切って口に入れました。案の定、それは強烈に辛かった。リアクションを取る余裕はまったくなく、僕は大声で、

「からーっ！」

と言いながらゲホゲホ咳き込み、涙目になったのでした。そんな僕を見て、志村さんは笑い

ながらこう言いました。

「いいか、それが辛いときのリアクションだから覚えておけよ」

初めて会ったときに「教えることは何もない」と言っていた志村さんですが、こうして振り返ってみると、事あるごとにいろいろと教えてくれました。それは手取り足取りという教え方ではなく、体で覚えさせる教え方でした。

付き人というお仕事

そもそも付き人とは一体どんなことをするのか？　そう思っている方もいるでしょうから、簡単に説明しておきます。タレントさんによって違いますので、これから書くのはあくまでも志村さんの付き人のケースです。

朝――といっても、志村さんはよほどのことがないかぎり午前中の仕事は受けていなかったので、十一時くらいに自宅に迎えに行きます。それからテレビ局まで運転して、車を駐車場に入れたらすぐに現場に入ります。

一緒に入った佐久間は現場担当で、主に志村さんの身のまわりのお世話をしていました。運転を終えた僕はそのサポートをします。

初めての現場では、まず確認作業です。スタジオまでの導線の確認、トイレがどこにあるかの確認、そして出前ができるお店の確認など。志村さんは麺料理が好きなので、ラーメンやお蕎麦（そば）の出前ができるお店を探します。

出前をやっていないお店には「自分たちで運ばせてください」とお願いしました。最初はたいてい「ダメです」と断わられてしまうのですが、志村さんの名前を出すと何とかなります。

「うーん、しょうがないねえ。器はちゃんと持ってきてよ」

そんなふうに許可してくれるのです。スーパースターはやっぱり違います。

現場では、コントで使う小道具の確認もします。たとえばツッコミで叩くときに使う新聞が必要なら、三枚用意します。三枚だとあまり痛くないし、音もちゃんと出るからです。

同じように、安来節（やすきぶし）やドジョウすくいなどで鼻に入れる棒も、長さが決まっています（僕の中指の付け根から第二関節まで）。これを用意するのも僕の仕事で、割り箸を削って紙ヤスリをかけて作ります。ちょうどいい長さにしないと鼻に入れたときに痛いのですが、最初はうまく作れず、

「痛（い）ってえな……。長さが全然違うだろうが」

などとよく怒られていました。

中古自転車とリムジン

仕事が終わると、志村さんは食事や飲みに行きます。行き先はたいてい麻布十番か六本木でした。もちろん運転は僕です。

志村さんがお店にいる間、車の中で待ちます。六本木のクラブに飲みに行くと、お店から出てくるのが夜三時くらい。たとえば夜九時にクラブに入って夜二時くらいまで帰ってこないと、志村さんの行きつけのクラブの何軒かに電話をかけます。

「志村の付き人です。志村は今、そちらにお邪魔していますか?」

そう聞くのです。

なぜか。志村さんはいつもクラブをハシゴしていて、最終的にまったく違う場所で飲み終わるからです。僕は二時あたりからあちこちのクラブに電話をかけ、志村さんの居場所を確認し、近くに車を停めておくのです。

「今、○○にいる。そろそろ帰るよ」

という連絡が来たとき、そのお店の近くに車を停めておけば、

「すぐ近くにいますので、お好きなタイミングで大丈夫です」

と答えられます。

これは「なるべく気持ちよく帰っていただけるように」という配慮ですが、「一〇分ほどかかります」などと答えたら、またもう一軒どこかに飲みに行ってしまうんじゃないか、という恐怖感もありました（どちらかというと後者のほうが大きかったです）。

志村さんを自宅まで送ったら、付き人としての僕の一日は終わります。

休みは原則としてありません。志村さんが休みの日でも「買い物に行きたい」とか「飲みに行く」と言われたら、すぐに駆けつけます。二十四時間三六五日、志村さんに合わせた生活サイクルです。

僕は当時、志村さんの自宅から自転車で一〇分ほどのところに住んでいました。アパートの二階の部屋です。

今しがた書いたように、志村さんが休みの日でもいつ呼ばれるかわかりませんから、アパートで待機します。夜九時になって連絡がなければ、こちらから電話をかけ、「今日は出かけますか」と聞きます。「出かけない」と言われたら、ようやく自分のプライベートタイムになりますが、「まだわからない」と言われることもたまにありました。

そのまま夜十時くらいまで待機して、「今から出かける」と言われたら、僕は中古で買った五〇〇〇円の自転車で出かけ、一〇〇〇万円以上するリムジンを運転して麻布十番や六本木に行き、また五〇〇〇円の中古自転車に乗ってアパートに帰るのです。

アパートの大家さんもびっくり

これは付き人になってずいぶんたってからの出来事なのですが、あるとき志村さんに、

「お前んちのテレビ、どれくらいの大きさだ？」

と聞かれました。

「二〇インチくらいです」

と答えると、

「じゃあ、俺が今まで使っていたのをやるよ。明日取りに来い」

と言われました。それは世の中がアナログからデジタルに替わり始めた頃で、志村さんは新しくデジタルテレビを買ったのでした。

翌日、約束の時間にお邪魔すると、それは三七インチのブラウン管テレビでした。

「車、使っていいぞ」

そう言われたのでお言葉に甘え、リムジンに積んでアパートへ持っていくと、一階に住んでいた大家さんに出くわしました。

「何この車？　大統領でも来てるの？」

目を丸くする大家さんに、

「まあ、そのようなもんです」
と答える僕。えっちらおっちらテレビを二階に運び、部屋に設置して愕然（がくぜん）としました。六畳一間の部屋のうちの一畳を、テレビが占拠しているのです。タテが約五六センチ、ヨコが約七五センチ。そんな巨大なテレビと至近距離で向き合うようになって、僕の視力はみるみる低下していったのでした。

自宅にいる志村さんから「お金をおろしてきてくれ」と頼まれることもよくありました。キャッシュカードを預かって、自転車で銀行に行き、お金をおろす。こう書けば簡単な仕事ですが、これが大変でした。というのも、一回におろす額が一〇〇万円などということがよくあったからです。

二十歳そこそこの若造が、一〇〇万円を手にするとどうなるか。僕の場合、目に入ってくる人すべてが強盗に見えました。ですから、お金をおろすと必死にいかつい顔をつくりました。そして目が合った人たちをにらみながら、大急ぎで自転車を漕いで戻るのです。この仕事には最後まで慣れることができませんでした。

付き人になってから、ご飯を早く食べる癖がつきました。志村さんと一緒に食事をする機会が多くなったからです。

一緒にお店に入ったら、まず志村さんの注文を聞いて、自分はそれより安いものを頼みます。志村さんがメニューの中で一番安いもの（もりそばなど）を頼んだときは同じものにします。自分の食事が運ばれてきても、先に手をつけることはしません。そして、志村さんより早く食べ終わります。だから早食いの癖がついたわけです。

志村家の犬

ちょっと慣れるのが大変だったのが、「志村家の犬」です。

志村さんは大の犬好きで、当時はゴールデンレトリーバーやシベリアンハスキーなど、五頭の犬を飼っていました。このうち四頭は室内にいたのですが、シベリアンハスキーだけは玄関先につながれていました。ハスキーには番犬という役割もあったわけです。

玄関前に車をつけると、主人の帰りを待ちわびていたのか、犬たちはいっせいに吠え始めます。シベリアンハスキーも吠えますが、僕が荷物を運び入れるときはおとなしくしています。

しかし玄関に荷物を入れ、「お疲れさまでした」とドアを閉めると、シベリアンハスキーの態度が変わります。志村さんがいるときといないときでは、まるで違う態度になるのです。時には「ウウゥー」と低く唸ることもありました。

シベリアンハスキーのような大型犬に威嚇されると、これはやっぱり怖い。だからといって襲ってくるわけではないのですが、横を通るときに甘嚙みをしてきました。犬としては、たわむれているつもりでしょう。しかし、シベリアンハスキーの甘嚙みはそこそこ怖く、また若干痛い。

「これくらいじゃないと番犬にならないもんな」

そう思いながら、毎晩シベリアンハスキーと戦っていました。そんな戦いをしていると、志村さんに言ったことはありませんが……。

伝説の駐車場

付き人の仕事についてはまた追々書いていくことにして、僕が志村さんに付いてまもない頃に話を戻します。

当時、フジテレビでは『志村けんはいかがでしょう』という番組が放映されていました。公開収録のコント番組です。

その頃はまだフジテレビは河田町（新宿区）にありました。少し運転に慣れた僕は、商店街をリムジンでゆっくり走りながら、

「かっこいいなあ」

と感動し、局の入り口で「志村です」と告げて中に入れてもらうときにも、

「かっこいいなあ」

と感動していました。

一九九一年の夏、『FNSスーパースペシャル1億2000万人のテレビ夢列島'91』という二十四時間番組がフジテレビで生放送されました。この番組の中で、ビートたけしさんは明石家さんまさんの愛車（たしかレンジローバーでした）を破壊しています。ゴルフクラブで殴ったり、車庫入れに失敗したと見せかけて塀に激突させたりしたのです。

その舞台となったのが河田町フジテレビの駐車場でした。

「ここでたけしさんはさんまさんの車をボコボコにしたんだなあ」

そう思うと、これもまた感動でした。

先ほども書いたとおり、『志村けんはいかがでしょう』は公開収録で、スタジオにお客さんを入れます。この現場で志村さんは「お客さんの前でやると、反応がすぐに返ってくるからいい」と、よく言っていました。

「テレビカメラしかないスタジオでコントをしても、ウケているのかウケていないのか、見ている人の反応がイマイチわからない。自分が面白いと思ったものと、世間の人たちが面白いと

思うものがズレていないか。これが確認できるから、お客さんの前はいい」
そんなことをよく言っていたのです。

あの名言はいかにして生まれたのか

河田町フジテレビに毎週行っていた頃、新宿二丁目で忘年会がありました。会場は居酒屋『ひとみ』というお店です。

夜一時か二時になって、スタッフさんや共演者さんのみなさんと楽しそうに飲んでいる志村さんのところに、腰の曲がったお婆さんが来てあいさつをしました。そのお婆さんが「ひとみばあさん」のモデルになった方だと知った僕は、

「なるほど！」

と感心しまくりました。かなり誇張はしていますが、腰の曲がり具合といい、髪型といい、しゃべり方といい、コントの「ひとみばあさん」は本物とよく似ているのです。

実を言いますと、志村さんはモノマネがすごく上手な人でした。有名人のモノマネもうまかったけれど、それよりもずっと、一般のちょっと変な人たちの特徴を捉えて表現するのに長けていたのです。

たとえばこんな話があります。

あるとき、志村さんは義理のお姉さんの実家に遊びに行きました。お姉さんの実家は福島県喜多方（きたかた）市。親戚のみなさんは志村さんを温かく家に迎え入れてくれたそうです。

「よお来たなぁ、上がらっせ、上がらっせ。だいじょうぶだぁ、だいじょうぶだぁ、食べなっせ」

そんな福島の言葉をヒントに、あの「だいじょうぶだぁ」が生まれたのです。志村さんの「だいじょうぶだぁ」の発音は地元の人たちも納得するほど正確だそうで、ここでもモノマネのうまさが発揮されています。

もう一つ、志村さんのコントに出てくるキャラクターに「デシ男」がいます。「デシッ」と言いながらおっちょこちょいなミスを連発するあのキャラクターのモデルは、僕の前に志村さんに付いていた人です。

その人は極度の汗かきで、あるとき志村さんから預かったセカンドバッグを手汗でびしょびしょに濡らしてしまったそうです。当然のことながら志村さんに怒られ、その後ずっとタクシー運転手のような白い手袋をしていました。僕はその人とはほんの短い間しか一緒にいませんでしたから、モデルと本物がどれくらい似ているのかよくわからないのですが、たぶん似ていたのだろうと思います。

うまくなるための一番のコツ

モノマネのうまさはトークにも反映されます。志村さん本人は「俺はトークは苦手だ」と事あるごとに言っていましたが、決してそんなことはありません（「お前は何様だよ！」と突っ込まれるのを覚悟で言っています）。

その場面で、誰がどんなふうに動いたか。どんなふうにしゃべったか。ジェスチャーを入れ、登場人物のモノマネを入れながらテンポよく話すので、志村さんのトークは情景がイメージしやすくて臨場感があり、すごく面白いのです。

「何をやるにしても、うまくなるための一番のコツはモノマネだ」

志村さんはそう言っていました。

「自分が面白いと思った人の言い方、表情、話の『間（ま）』を真似てみろ。最初はモノマネでも、いつかそれが体に染み込んでオリジナルになる」

言われたその日から、志村さんの真似を始めてみました。実際にやってみると、うまくできないことだらけだったのですが、僕は何年か前まで「志村さんに似ている」とたまに言われていました。「いじられたときの返し、表情や返事の仕方が志村さんっぽい」と。

そのたびに「そうかなあ。そんなことないでしょう」と否定しながらも、内心はニンマリしていたのでした。

うまくなる一番のコツはモノマネだ。この言葉はずっと心の中にあって、一〇年ほど前にリポーター業に足を踏み入れたとき、僕は勝俣州和さんの旅番組をたくさん見て、時には真似てリポートをしていました。

それでどれだけうまくなったのか、自分ではわかりません。しかし、真似から始めるというのは芸人だけでなく、一般のみなさんにも役に立つことかもしれません。

目の前の一人、テレビの向こうの何十万人

話が横道に逸れるどころか、完全に別の道になってしまったので戻ります。

志村さんに付いてから、たくさんの芸能人の方とお会いするようになった僕でしたが、「あっ、渡辺美奈代さんだ！」とか「うわっ、いしのようこさんだ！」などとミーハー心を出す余裕はまったくありませんでした。仕事場ではいつも全集中で志村さんを見ていたからです。

たとえば、ディレクターさんとセットを見ながら話をしている志村さんが、不意にこちらに向かって右手を出し、ウラピースをします。これはジャンケンでもシャッターチャンスでもなく、「タバコをくれ」の合図。そのときに僕がよそ見をしていたら、もちろん怒られます。

この時期に志村さんからよく言われたのが、

「目の前にいる俺一人の気持ちがわからないで、テレビの向こう側にいる何十万の人たちの気持ちがわかるか？」

という言葉です。

志村さんは、視聴者やお客さんがどう感じるかを常に考えていました。先ほど公開収録の話を少し書きましたが、志村さんがお客さんの前でやるコントを大事にしていたのは、自分の笑いがお客さんのニーズに合っているのかどうかを知るためです。

目の前の一人の気持ちがわからなければ、テレビを見ている何十万の人たちの気持ちはわからない――。なるほどそのとおりだと思った僕は、それまで以上に志村さんの行動をよく見るように心がけました。見るだけではなく、ディレクターさんや構成作家さん、共演者のみなさんと話している内容に、できるかぎり耳を傾けました。

すると、少しずつですが志村さんのルーティンが見えてきました。「今はタバコが吸いたいんだな」とか「コーヒーが飲みたいんだな」などとわかるようになったのです。

たとえば、志村さんがタバコを吸うのはコントの合間です。それから、コントのセットを見ながらディレクターさんと話をするときも、たいていタバコを吸います。そういうデータが頭に蓄積されていくと、ウラピースが出る前にタバコを差し出せるようになるわけです。

ディレクターさんと志村さんが話している内容をよく聞いていれば、次のコントの内容がわかります。コントの内容がわかれば、「何を準備しておけばいいか」という先回りができます。

あるとき、志村さんとディレクターさんの話を聞いていて、「次のコントで新聞を使うだろうな」と僕は察しました。予想は的中しました。

「新聞」

と志村さんに言われた瞬間にサッと渡せたとき、僕は頭の中で、一九九六年のメイクドラマの優勝で胴上げされた長嶋茂雄さんばりに、自分で自分を胴上げしていました。

相手をよく観察する。相手の話をよく聞く。そして、相手がいま何を求めているのかを考える。その習慣は志村さんから離れたあとも、すごく役に立ちました。

五時間六時間は当たり前のネタ会議

志村さん、あるいはドリフターズといえば、有名なのがネタ会議です。みんなで一生懸命考えるけれど、面白いアイデアがなかなか出ず、会議室がシーンとする——。そんな話を以前どなたかがテレビでされていましたが、たしかにそういう時間もありました。

河田町フジテレビでのネタ会議では、志村さん、構成作家さん、ディレクターさんが集まっていました。それぞれが考えてきたネタを「ああしよう」「こうしよう」と話しながらコントを作っていくのですが、五時間六時間は考えて当たり前の世界でした。

一本や二本のコントではなく、毎週毎週、十何本もコントを生み出すのです。その労力は大変なもので、自分でやるようになるまではまったく気づきませんでしたが、ネタ作りにはものすごいパワーを使います。

会議では構成作家さんとディレクターさんはイスに座り、志村さんは畳に座っていました。畳が二畳、会議室に敷いてあって、志村さんは時にそこで寝っ転がったりしながらコントを考えていたのです。

どうして畳だったのか。これは僕の想像ですが、長時間の会議ではそのほうが楽だったのでしょうし、ときどき寝そべってみることで頭がリフレッシュされたのかもしれません。

いずれにしても、志村さんはとことんネタを考える人でした。スタジオに来るお客さんに最高の笑いを届ける。そのための努力を惜しまなかったのです。

志村さんの番組スタッフはほとんど替わることがありませんでした。総合演出のディレクターさん、ADさん、構成作家さん。カメラ、照明、音声といった技術スタッフさん。床山(とこやま)、メイク、衣装、持ち道具などの美術スタッフさん。こうしたスタッフの人たちは「もう何十年も一緒にやっている」という方ばかりでした。

ですから、志村さんが一を言えば、すぐに十が伝わります。まさに阿吽(あうん)の呼吸で番組が作られていたわけで、「長年支えてくれているスタッフさんがいるからこそ、いいコントが作れる」

と志村さんも折にふれ言っていました。

余談ですが、ドリフファンにはおなじみの「カラスなぜ鳴くの、カラスの勝手でしょ♪」。これはドリフのネタ会議のときに生まれたと、志村さんに聞いた覚えがあります。

ある日、会議室でみんなでネタを考えていた。すると窓の外から、学校帰りの子どもたちの歌が聞こえてきた。

「カラスの勝手でしょ〜♪」

志村さんはそれを「面白い」と思って、テレビで歌ったそうです。昔の子どもはよく替え歌を歌ったものですが、そんなところからネタを拾うとは、驚きとしか言いようがありません。

脱線のついでにもう一つ。ジャンケンをするときの「最初はグー」も志村さんが最初にテレビでやったことです。

これは飲み屋の支払いのときに思いついたそうです。その日、志村さんは友達みんなと飲んでいて、「誰が支払いをするか」をジャンケンで決めることになりました。ところが「ジャンケンポン」がなかなか揃いません。そこで志村さんは「グーを出して」とみんなに呼びかけ、「いくよ」「最初はグー」「ジャンケンポン」とやったのが始まりだった——という話をマネージャーさんから聞きました。最初はお酒の席でのちょっとした思いつきだったのかもしれませんが、それを面白いと思ってテレビで発信したのは、やはり卓抜したセンスです。

まっすぐ自宅に帰らない理由

ネタ会議があった日にしても、収録があった日にしても、仕事を終えた志村さんがまっすぐに帰宅することはありませんでした。必ず飲みに行くのです。

これは「お酒が好きだから」という理由だけではありません。仕事でマックスに頭を使い、マックスに神経を使うためです。「酒でクールダウンしないと眠れないんだよ」と、志村さんはよく言っていました。

前にも書いたとおり、志村さんがよく飲みに行っていたのは六本木と麻布十番です。六本木ではクラブがほとんどで、お酒のお相手はたいていホステスさんたちでしたが、麻布十番では庶民的なお店で飲んでいました。

一緒に飲むのは、番組スタッフさんか地元の人たち。とりわけよく飲んでいたのは喫茶店『ぱぽた～じゅ』（僕が最初に志村さんと会った喫茶店です）のマスターと、Hさんという旅行代理店を経営されている方でした。

これは僕には意外でした。少し拍子抜けもしました。志村さんはいろいろな芸能人とガンガン派手に飲んでいるのだろうと想像していたからです。志村さん曰（いわ）く、

「麻布十番は下町っぽくていいんだよな。お店にいる人たちも、芸能人というよりは一人の男として俺に接してくれるから居心地がいい」

当時の麻布十番は、おしゃれな街並みの中に老舗のたいやき屋さん、おせんべい屋さんなどが混在していて落ち着いた風情がありました。志村さんが飲みに行くのは、やきとん屋さんや居酒屋など。個人事務所が麻布十番にあったこともあって毎晩のように出かけていました。

庶民的なお店で食事をすることが多かった志村さんですが、時には高級店も利用していました。フカヒレ、すっぽん、ふぐ、叙々苑の焼肉、回らないお寿司――。高級料理の味はすべて志村さんに教えていただきました。

お酒が好きなせいか、志村さんは食事はたくさん食べません。あれこれ料理を注文するのですが、自分は少し食べるだけで、

「あとは全部食べていいぞ」

とお皿を渡してくれるのです。「志村さんと食事をするときは絶対に残さない」と固く誓っていた僕は、いつも遠慮なく高級料理をたらふくいただいていました。

もっとも、おいしい思いばかりしていたわけでもありません。辛いものが好きな志村さんは麻婆豆腐を辛さ強めで注文するのですが、当時甘党だった僕にとって、これを完食するのは結構大変でした。根性で食べているうちに、辛いものには少しずつ慣れていきましたが……。

食事は毎回一緒だったわけではなく、僕一人で食べることもよくありました。そういうとき志村さんは、

「これで何か食べて」

と一万円札をいつも渡してくれました。

勉強をさせてもらっているのに、お給料（パート代くらいです）をもらい、さらに食事代まで出していただくわけですから、そういうときは必ず領収書をもらって、おつりを返していました。もしも返さないでいれば、今頃はおつり御殿が建っていたと思います（笑）。志村さんにはそれくらいたくさんご馳走（ちそう）になりました。

出前の注文という「絶対に負けられない戦い」

志村さんに付いて半年ほどして、一緒に入った佐久間が辞めることになりました。

前にも書いたとおり、佐久間は現場担当です。志村さんの身の回りの世話をするのが彼女の仕事で、運転担当の僕は現場ではサポート役でした。しかし佐久間が辞めてからは運転と現場の兼任になり、「お前はボディガードか！」というくらい志村さんにピッタリ付くようになったのです。

これには慣れるまで少し苦労しました。飲み物を出す。着替えを手伝う。「何時から収録が

始まるか」とか「スタジオはどこか」といった確認をする。そういう仕事にはもう慣れていましたが、たとえば『バカ殿様』や『ドリフ大爆笑』といった収録が長くなる番組では、出前のタイミングを考えなければいけません。

目指すゴールは、休憩で志村さんが楽屋に戻ってから、五分以内に出前が届くようにすることです。具体的にどうするのかというと、まず休憩に入る二つくらい前のコントが終わったときに「食事は何にしますか?」と聞きます。前述のとおり、志村さんは麺食いですから、ラーメン屋さんやお蕎麦屋さんのメニューをいくつか見てもらいます。

「今日はここの味噌ラーメンにする」

たとえば志村さんがそう言ったら、そのお店の出前メニューを持って、共演者のみなさんに「食事はどうしますか」と聞いて回ります。

何をいくつ注文するか。これが決まってからが勝負です。休憩に入る一つ前のコントを見ながら、お店に電話するタイミングをはかるのです。

タイミングを間違えると、みなさんに伸びた麺や冷えたカツ丼などを食べさせることになってしまいますから、ものすごく気を使います。休憩に入る一つ前のコントで水濡れがあるときは、出演者のみなさんはシャワーを浴びてから食事をしますから、その時間も計算に入れなければいけません。

これがなかなかどうして思ったようにはいかず、ベストタイミングで出前の注文をできるようになるまで一年以上かかってしまいました。

死亡説の真相

付き人になってからそろそろ二年がたとうとしていた一九九六年九月。信じられない出来事が起こりました。

その夜、志村さんは麻布十番で食事をしていました。いつものように車で待っていた僕の携帯が鳴り、出るとマネージャーのKさんからでした。

「今、志村さんはどこにいる?」

「麻布十番です」

「記者が来るかもしれないから、気をつけろ」

「えっ、何かあったんですか?」

「志村さんの死亡説が流れている」

何のことだか一瞬わかりませんでしたが、志村さんが亡くなったという噂(うわさ)が流れていると、Kさんは言ったのでした。

「は? そんなわけないじゃないですか。楽しくご飯を食べていますよ」

「わかってる。とりあえず注意しておけ。この話は志村さんにも伝えておけ」

電話を切ったその足でお店に行きました。「どうした？」という顔をする志村さんの耳元で、僕は言いました。

「今、Kさんから連絡がありました。志村さんの死亡説が流れているそうです。記者が来るかもしれないから気をつけろ、とおっしゃっていました」

志村さんは軽く驚きながらも、

「えっ、俺、死んじゃったの？」

と笑いました。そのときの顔と声を、今でも不意に思い出すことがあります。

【志村けん、宇都宮（栃木県）のがんセンターで死亡】

そんな噂が、なぜ出回ったのか。考えられる原因はいくつかあって、その頃志村さんの番組はゴールデンから関東ローカルの深夜帯に移りました。これは一般視聴者のみなさんに「志村けんの露出が減った」という印象を与えたようです。

一方で、スケジュールに少し余裕ができた志村さんは、宇都宮のゴルフ場へ行くことが増えました。例によって車はリムジンですから、すごく目立ちます。「あれは志村けんの車だ」ということが周辺住民に知られるようになったのですが、ゴルフ場の近くには栃木県立がんセンターがありました。

「最近、志村けんが宇都宮によく来ているらしい」

「そういえば、最近テレビで見かけなくなった」

「病気なんじゃないか」

「がんセンターに来ているらしい」

といった具合に噂は発展していったようです。当時、『ドリフ大爆笑』は毎月収録されていました。しかし「あれはどうも再放送らしい」などと言われ、ついに志村さん本人が「生きています」と会見を開くという異様な事態になったのでした。

眠れぬ一夜

死亡説とはまったく関係ない話ですが、志村さんがよく通っていた宇都宮のゴルフ場には一つ思い出があります。

このゴルフ場にはホテルが併設されていて、志村さんはたいてい泊まりがけで行っていました。運転手の僕は早朝に志村さんを迎えに行き、ゴルフ場まで送ったらいったん帰宅するのが常でした。翌日の昼頃にまた迎えに行くわけです。

ところがあるとき、「今日はお前も晩飯を食っていけ」と言われて、夜までゴルフ場にいました。前半のハーフを終えた志村さんを出迎える。後半のハーフが始まるときに見送る。ゴルフが終わるまではそれくらいしかやることがありませんから、ひたすら待ちです。

夜になって、志村さんは言いました。

「今日はもう遅いから泊まっていけ」

しかし、空き部屋があるかフロントで確認すると満室。こうなったら帰るしかないと思っていると、「じゃあ俺の部屋に泊まっていけ」とのお言葉でした。

「いいんですか？」

と言ったものの焦りました。何とかして帰りたい。帰るための言い訳は何かないだろうか。頭をフル回転させましたが、妙案は浮かびません。

僕はなぜ帰りたかったのか。それは朝にチェックインしたときに、志村さんの部屋を見ていたからです。

そこはベッドが二つ並んだツインルームでした。ツインベッドで志村さんと並んで寝る？いやいや、ないない！　畏(おそ)れ多いというか何というか、たぶん緊張で眠れません。だから帰りたかったのですが、結局うまい口実は見つからず、泊まることになりました。

志村さんは朝からのゴルフで疲れているし、お酒も入っていましたから、早めに眠りにつきました。しかし、僕はまったく眠くなりません。自分からわずか数十センチのところに国民的大スターが寝ているのですから、緊張して眠れるわけがない。

付き人になってから、僕は仕事には少しずつ慣れていきました。しかし、志村さんに対しては「慣れる」ということはありませんでした。いつまでたっても緊張しながら向き合っていたのです。

二〇一五年の夏、志村さんとお酒をご一緒する機会がありました。そのときに、

「お前、まだ俺に緊張しているよな」

と言われました。二〇一五年といえば志村さんと出会ってから二〇年以上も過ぎています。その時点ですら緊張していたのですから、付き人二年目の僕がどれだけ緊張したことか。

横になっていてもバキバキに目が覚めていて、緊張で肩が痛い。トイレに行きたくなっても「泥棒か!」というくらいに物音をたてないように歩き、志村さんがいびきをかいたタイミングで水を流す。そしてまた抜き足差し足でベッドに戻る。いびきを聞きながら、僕はただひたすら早く朝が来ることを願っていたのでした。

怒鳴られた理由

これも志村さんに付いて二年目あたりの出来事です。

僕は髪を緑色に染めました。

当時僕は、「芸人は一般人と何かが変わっていなければいけない」という固定観念にとらわ

れていました。そして考えついたのが「髪を緑に染める」というなんとも浅はかなアイデア。染めた翌日、いつものように志村さんを迎えに行きました。「何か言われるだろうな」と思っていましたが、何も言われません。しかし、テレビ局に着いて志村さんを降ろし、車を停め、楽屋に入ったそのとき、不機嫌な声が飛んできました。

「おい。その髪は何だ?」

「目立つかと思いまして」

そう答えた瞬間、

「バカヤロー!」

と怒鳴られました。まさか怒鳴られるとは思っていなかった僕は、驚きで固まりました。

「お前がコントで何の役ができるんだ? 普通の人の役だけだろ? そんな髪でサラリーマンや通行人ができるのか? そんな髪をしたヤツはコントに出せねえぞ!」

至極もっともな言葉です。うつむいたまま「はい」と答えるのが精一杯でした。

志村さんはリアリティをとても大事にする人でした。たとえば『バカ殿様』や『だいじょうぶだぁ』の収録では、着替える前にまずセットを見ていました。そこで自分のイメージと違うことがあったり、何か不自然なところがあったりすると、すぐにスタッフさんを呼んで直してもらうのです。

台所を舞台にしたコントなら、冷蔵庫に食べ物が入っているし、オフィスを舞台にしたコントなら、机の引き出しに文房具が入っています。「冷蔵庫を開ける」とか「引き出しを開ける」ということが台本に書いていなくても、そうなっています。誰かがアドリブで冷蔵庫を開けるかもしれないから、スタッフさんはそこまで入念に準備をするのです。

当然のことながら、目に見えるところはいっさい手抜きがなく、たとえばゴミ箱にはちゃんとゴミが入っていました。

「入口がしっかりしていれば、オチはどうなっても大丈夫」

志村さんはよくそう言っていました。コントの入口（始まり）でお客さんがリアリティを感じれば、後半が多少ムチャな展開になっても大丈夫——というのが、その言葉の意味するところです。

たとえば「変なおじさん」は現実にはありえないようなオチばかりですが、最初はリアリティのある設定から始まります。セットにもおかしなところはありません。

あるスタッフさんに聞いた話ですが、小便小僧のコントのときに「おちんちんの大きさが違う」と志村さんが指摘して、作り直したことがあったそうです。当然すぐには直せませんから、そのコントの撮影は翌日以降に延期されました。

そんなふうにして、志村さんとスタッフさんはコントの世界観を作り込んでいました。僕は毎日のようにそれを間近で見ていながら、「髪を緑に染める」というバカなことをしでかしたわけです。会社コントや学校コントのとき、後ろでチョロチョロしているヤツの髪が緑だったら邪魔なだけです。

「染め直してこい！」

一喝された僕は、その日のうちに黒く染め直したのでした。

過去最大のミス

付き人として過ごした七年間、僕は数えきれないほどたくさん志村さんに怒られました。しかし、怒鳴られたのは二回だけです。

一回目は今書いたとおり、髪を緑に染めたときです。二回目は付き人になって四年目あたりのことですが、その話を書く前に、僕がやらかした過去最大のミスについて書いてみたいと思います。

一九九八年五月のことでした。ある番組のロケでスウェーデンに行きました。「スウェーデンの食材で和食を作って食べる」という内容のロケで、川上麻衣子さん、ダチョウ倶楽部の上島竜兵さんが一緒でした。

川上さんも上島さんも、志村さんにとって勝手知ったる共演者です。撮影は楽しく順調に進んで、無事打ち上げとなりました。

白夜の季節でしたから、夜になってもあたりは明るく、不思議な感じです。打ち上げ会場は港が見えるバー。素敵な金髪女性がグランドピアノを弾いていました。まるで映画の一場面のような雰囲気です。

「お前も飲めよ」

志村さんに言われました。

実は僕はほとんど飲めません。ですから、お酒のことはまったくわからず、よくわからないままマルガリータを注文しました。ご存じのとおり、強いお酒です。たぶん飲み干せなかったと思いますが、ふわふわと心地よくピアノの旋律に身をゆだねていました。

そして翌日。

朝起きて「あれ？」と思いました。志村さんから預かっていたカバンがないのです。そのカバンにはパスポート、各種カード、現金などが入っていたのですが、部屋の中をあちこち探し回っても見あたりません。

「どこに置いたっけな……」

前夜のマルガリータが効いているのか、記憶が曖昧です。

「ロケは昨日で終わったし、もしかして志村さんに返したかな」

そう思ってレストランに行くと、志村さんや川上さん、スタッフさんたちがみんなで食事をしていました。

「おはようございます」

あいさつをしたあと、志村さんの耳元で聞きました。

「すみません、昨日、僕、カバンをお返ししましたか？」

すると志村さんはひとこと言いました。

「いや」

億の損害

「わかりました」

僕は部屋に戻りました。

「まずい。まずいぞ！　どこだ？　どこにやった？」

焦りましたが、やっぱり記憶が取り戻せない。半分パニックになりながら、部屋の中をグルグル歩き回ること五分。やっと思い出しました。

「タクシーだ……」

打ち上げ会場のバーからホテルに帰るとき、タクシーに置き忘れたのです。降車ドアの反対側にカバンを置いた僕は、そのまま降りてしまったのでした。

　これは足が震えました。大事なものをなくした、というだけの話ではありません。志村さんは帰国してすぐにＣＭ撮影をする予定だったのです。

「帰国が遅れたら億の損害になるかもしれない……」

　そうなれば一生タダ働きしても損金を返せないでしょう。何より、それを志村さんに報告しなければならないという恐怖。タバコを渡すのが遅れただけで怒られるのに、「カバンをタクシーに忘れました」なんて言ったらどうなるのか。想像しただけでも怖ろしい。

　しかし、まさか黙っているわけにもいきません。深く息を吸い、意を決して、もう一度レストランに行きました。そして志村さんの前で頭を下げました。

「すみません！　昨日のタクシーにカバンを置き忘れてしまいました！」

　テーブルのみなさんに緊張が走ったのを感じました。

「殴られるかな……」

　僕も緊張しました。ところが志村さんは、

「あっそう。しょうがねえなあ」

　と言っただけだったのです。ええっ？　それだけ？　拍子抜けをしながらも呆然とする僕に、川上麻衣子さんが声をかけてくれました。

「私、領収書を持ってるから、タクシー会社に電話してみる」

川上さんはスウェーデン育ちです。現地の言葉もできます。しかも領収書まで持っているのです。これは何とかなるかもしれない。そう思いました。

志村さんはなぜ怒らなかったのか

タクシー会社の返答は、「これから調べて折り返し連絡します」でした。みんなで待つことになり、志村さんはどうということもない感じでコーヒーを飲んでいましたが、僕の顔はたぶん真っ白になっていたと思います。

待つこと三〇分。川上さんの電話に、折り返しの連絡が来ました。スウェーデン語であれこれ話しています。

やがて電話を切った川上さんは言いました。

「師匠、カバン、ありました！　しんちゃん、よかったね」

僕はヒザから崩れ落ちました。

海外でモノをなくして、まさか出てくるとは。川上さん曰く「スウェーデンであんなに遅くまで飲む人はいないから、私たちが最後の乗客だったのがよかった」「運転手はポーランド人だったんだけど、スウェーデンで働いているポーランド人は誠実な人が多い。たぶんあの運転手も誠実な人だったんだと思う」。

このときばかりは明け方まで飲む志村さんに感謝しました。

カバンは運転手さんがホテルまで届けてくれるとのこと。その日はオフでしたから、志村さんや川上さんたちは観光に出かけました。

もちろん僕はロビーで待機です。今か今かと待ち続け、昨夜の運転手さんが現われたときは嬉しさのあまりハグしてしまいました。九死に一生とはこのことかと、心から安堵しました。

ちなみに、スウェーデン観光に出かけた志村さんは一文無しなので、電車賃もご飯代も毎回川上さんに「貸してください」と頭を下げていたそうです（志村さん、本当にごめんなさい）。

それにしても、志村さんはなぜ怒らなかったのか。帰国後しばらくして、質問してみたことがあります。「あのとき僕はものすごく怒られると思いましたが、どうして怒らなかったんですか」と。

志村さんの答えはこうでした。

「怒ってもお前が困るだけで、何も解決しないだろ」

タバコが欲しい。飲み物が欲しい。これに気づかなかったときに怒るのは、言えば直せることだから。カバンを置き忘れたことを怒ったからといって、カバンが出てくるわけではない。だから怒らなかった――。

今こうして振り返ってみて、ものすごく懐（ふところ）が深い人だったと改めて感じます。

「お前、なめてんのか！」

過去、僕が一番怒られたのは遅刻でした。

その日は『バカ殿様』の収録があったのですが、僕は寝坊をしてしまい、志村さんはタクシーで収録現場に向かいました。遅れて現場に入った僕は、

「すみませんでした！」

と頭を下げました。このときの志村さんは、ひと目で不機嫌だとわかるほどムスッとしていましたが、何も言いませんでした。

収録が終わったあと、志村さんはいつものように共演者さんやスタッフさんたちと飲みに行きました。そのあと、さらに上島竜兵さんと下高井戸（しもたかいど）に飲みに行き、午前三時頃になって車に戻ってきました。

「もう一軒行く」

志村さんは言いましたが、なにせ午前三時です。開いているお店が見つからず、ファミリーレストランで飲むことになりました。

駐車場に車を停めたとき、「お前も来い」と言われました。志村さん、上島さん、僕の三人

でファミリーレストランに入り、着席したのとほぼ同時くらいのタイミングでした。

「お前、なめてんのか！」

怒鳴られました。そうです。志村さんに怒鳴られた二回目というのは、このときです。

「何、お前が生意気に遅刻してんだよ！」

「すみません」

「俺が遅刻が嫌いなの、わかってんだろ？」

「はい」

どこの現場であれ、志村さんは予定時間の三〇分前には到着するように自宅を出ます。前夜どんなに深酒をしても、絶対に寝坊はしません。初めて共演する人たち、あるいはスタッフさんたちに「もういらっしゃったんですか？」と驚かれるほど早い時間に現場入りすることもよくありました。

なぜか。遅刻をすると「すみません」という謝罪から一日が始まってしまうからです。別の言い方をすれば、一日がマイナスから始まってしまう。それは志村さんが最も嫌ったことだったのです。

「お前、調子に乗ってんじゃねえぞ？」

「すみません」

「二度と遅刻なんかするんじゃねえぞ！」

「はい」

怒られてはあやまる。下高井戸のファミレスで、朝七時までこれをくり返しました。そのときはまわりを観察する余裕はまったくありませんでしたが、お店にいた人たちはたぶんビックリしていたでしょう。

心からあやまり続けていた僕でしたが、もう一つ、上島さんに対しても申し訳ない気持ちで一杯でした。せっかく楽しく飲んでいて「もう一軒行こう」となったのに、朝までずっと気まずい状況にお付き合いさせてしまったのですから……。

でも、上島さんはやさしかった。志村さんがトイレに立つたびに、

「まあ、次から気をつければいいんだから」

「誰だって人生に一度は遅刻しているから」

などと慰めてくれたのです。以後、僕は遅刻をしていません。やはり志村さんは怒って直せると思ったから怒ったのです。

「週八」で会っていた人

話は前後しますが、志村さんと上島さんが初めて出会ったのは、僕が付き人になって二年が

過ぎた頃だったと思います。

前に書いたとおり、志村さんは麻布十番では一般の方と飲むことが多かったのですが、僕が付いて二年目あたりから、少しずつ有名人の方たちと食事や飲みに行くようになりました。

その頃よく飲んでいたのは、全日本プロレスの渕正信（ふちまさのぶ）さん、川田利明（かわだとしあき）さんです。このお二人と志村さんが麻布十番の中華料理店『梁山泊（りょうざんぱく）』で食事をしているとき、何かのきっかけで「川田さんとダチョウ倶楽部の上島竜兵さんは仲がいい」という話になりました。

それを聞いた志村さんが「会ってみたい」と言ったので、川田さんはその場で電話をかけました。そして一時間ほどして、『梁山泊』に上島さんが来たのです。

僕としては「うわっ！」という感じです。実は僕は『ビートたけしのお笑いウルトラクイズ!!』を見て以来、上島さんの大ファンだったのです。

上島さんと会えた！　いい記念になった！　心の中で喜ぶ僕。ところがこの日以降、毎日のように上島さんと顔を合わせるようになりました。志村さんと上島さんがほぼ毎日、それこそ「週八で会っているんじゃないか？」というくらいひんぱんに食事や飲みに行くようになったからです。

上島さんからの連絡は、僕の携帯にもたびたび入りました。たとえば車で飲み待ちをしていると、「師匠は今どこ？」と連絡が来るのです。

正直な話、当時は上島さんから電話がかかってくるのが嫌でした。なぜかといえば、絶対に遅くなるからです。「何時に帰れるかわからない」という毎日を送っていた僕でしたが、志村さんと上島さんが合流した日は帰宅時間が確定します。飲み終わるのは明け方ですから、僕がアパートに帰るのは朝です。

上島さんから連絡が来るのは、お酒を飲むときだけではありません。たとえば地方ロケがあるときは「今からロケに行ってきます」という電話が志村さんに入ります。帰ったら帰ったで「今、羽田に着きました」という電話が入る。「お前は俺の女か！」と志村さんは突っ込んでいましたが、その顔は嬉しそうでした。

幸運な出会い

その後、志村さんはプライベートだけでなく仕事でも上島さん、いやダチョウ倶楽部さんとほとんど一緒でした。

生意気なことを言うと、ダチョウさんと出会えたのは志村さんにとってものすごくラッキーなことだったと思います。僕の知るかぎり、それまで志村さんに遠慮なくツッコミを入れるのは、ダウンタウンの浜田雅功（はまだまさとし）さんだけでした。臆（おく）することなく突っ込むダチョウさんと出会ったことで、志村さんはさらに輝いたと思うのです。

とりわけ上島さんは、コントだけでなくプライベートでも「うるせーよ！」と志村さんに軽(かる)口(くち)を叩いていました。志村さんもまた嬉しそうに突っ込み返していました。

ツッコミといえば、志村さんは肥後克広(ひごかつひろ)さんのツッコミに全幅(ぜんぷく)の信頼を置いていました。曰く、「リーダー（肥後さんのこと）は、どんな役をやってもそういう人に見えるからいい」「ひとみばあさんへのツッコミは一番うまい」などなど。

コントでは抜群のツッコミを見せる肥後さんですが、普段は言い間違いがひどい。あるとき「げそさんは何人きょうだい？」と聞かれたので「三人です」と答えたら、「長女？」と聞かれました（まさか僕を女性だと思っていたとは……）。一緒に地方ロケに行ったとき、「ホテルのテイクアウトは何時だっけ？」と聞かれたこともあります（まさかホテルを持って帰るつもりだとは……）。

上島さん、肥後さんとは一線を画しているのが寺門(てらかど)ジモンさんです。とにかく自然や食べ物に対する愛がすごい。たとえば焼肉を一緒に食べているとき、

「いま！」

と、鉄板からお肉を取るように指示されます。話に夢中になったりして少しでも焼きすぎてしまうと、

「肉が泣いている」

と怒られます。そんなやりとりを、志村さんはいつも笑って見ていました。

ダチョウさんと出会ったことで、志村さんはプライベートもより充実したのではないかと、僕には思えます。そして僕自身にとっても、ダチョウさんと出会えたのは本当にありがたいことでした。

ジーンズを穿いたスーパースター

ダチョウさんの話はまたあとで書くことにして、付き人生活の話に戻ります。今度は車の話です。

僕が付いたばかりの頃、志村さんはベンツのリムジンとキャンピングカーに乗っていました。しかし、数年してキャンピングカーは買い替えました。新しく買ったのはリンカーン。それもリムジンです。

「またかよ!?」

そう思いましたが、後日、志村さんは「リムジンには特別な想いがある」という話をしてくれました。何人かで食事をしている席で、何かの拍子にリムジンの話題になったのですが、きっかけはビートルズだったというのです。

一九六六年六月、ビートルズが初来日しました。このときの武道館コンサートでドリフターズが前座を務めたのは有名な話ですが、当時志村さんは十六歳。まだドリフメンバーにはなっていません。

来日したビートルズは、黒いリムジンで移動しました。彼らがジーンズ姿でリムジンから降りてくる映像を見たとのことで、志村少年は、「いつかは俺も――」と思ったそうです。そして大人になって夢をかなえたのです。

その話を聞いた一同は「なるほど」と納得したのですが、

「だけどこいつもジーンズだから、まいっちゃうよ」

と、志村さんは僕を指差したのでした。

たしかに僕はいつもジーンズでした。そもそも当時はスーツなんて持っていなかったし、運転が終わったら現場作業ですから、まさかスーツを着ていくわけにはいきません。でも、一度くらいはビシッとスーツ姿で運転してみてもよかったなと思います。後の祭りですが……。

リンカーンのリムジンには、忘れられない思い出が一つあります。

その頃、志村さんはバラエティ番組にゲストで呼ばれることが多く、初めての収録場所に行くことがたびたびありました。志村さんにとって初めての現場は、僕にとっても初めての現場です。これは僕にはすごく不安で、もしも道に迷ったりすれば、志村さんが大嫌いな遅刻をしてしまいます。

そこで僕は、夜中の二時まで飲んだ志村さんを自宅に送ったあと、よくロケハン（下見）をしていました。もちろん無断でリムジンを運転するわけにはいきませんから、毎回許可をもらっていました。

「明日の収録現場まで迷わずに行けるか、ちょっと不安です。今からお車を借りてロケハンしてもいいでしょうか？」

そう申し出るわけです。これは初めてのゴルフ場に行くときも同じでした。夜中二時に帰ってきて朝六時出発というときに「これからロケハンに車を使ってもいいでしょうか」とお願いして、「今から？」と驚かれたこともありました。

これが天才の発想だ

その日、僕はいつものように志村さんを乗せてリムジンを運転していました。昼過ぎの収録現場から、夕方の収録現場へ向かっていたのですが、信号待ちで地図を開いてルートを確認している僕に、後部座席の志村さんから声がかかりました。

「そろそろカーナビを付けるか」

これは本当に嬉しい言葉でした。カーナビがあればロケハンに費やす時間はゼロになりますから、体も気持ちも相当に楽になります。

「お願いします！」

力を込めて答える僕。

「わかった。明日にでも車屋に頼んでおく」

これでもう夜中のロケハンに行かずにすむ。現場から現場への移動でも、必死に地図を見なくてすむ。想像するだけで心が躍りました。

そして一週間後。車屋さんに預けていたリムジンが戻ってきました。

「とりあえずカーナビの操作を覚えよう」

そう思って運転席のドアを開けると、カーナビがありません。

「あれ？　変だな」

ハンドルの下まで確認しましたが、待ちに待ったカーナビはやっぱりどこにもない。

「なんだよ……」

僕は軽く腹を立てました。カーナビが付いていないのは車屋さんのミスだと思ったのです。

仕方なく車の掃除でもしようと後部ドアを開けると、なんと！　カーナビが後部座席に付いているではありませんか。

「えええっ？」

驚いた僕は、すぐに車屋さんに電話しました（ちなみにこの車屋さんは志村さんの親戚です）。

「カーナビが後ろに付いているんですけど！」

すると車屋さんは、とんでもないことを言い出しました。

「うん。変だなとは思ったけど、けんさんが『後部座席に付けて』って言ったから」

いやいや、そんなはずはない。何かの間違いでしょ。そう思った僕は、志村さんにおそるおそる聞いてみました。

「あの、カーナビが後部座席に付いているのですが……」

すると志村さんは、別にどうということもないふうに言いました。

「ああ。俺が今どこを走っているか知りたいから、後ろに付けてもらった」

嘘でしょ？　なんとも常人では理解しがたい発想ではありませんか！

僕はかねて、凡人には思いもよらぬアイデアを次々と生み出す志村さんを、天才だと思っていました。しかし、まさかそんなところでも天才性が発揮されてしまうとは……。

カーナビが後ろに設置されてから変わったのは、注文が増えたことくらいです。後部座席から「おい、この先の道、渋滞してるぞ」とか「さっきの交差点で曲がったほうが早かっただろ」などと言われるようになったのです。

「後ろに付けるなら、ついでに前にも付けてほしかったんですけど」

とはまさか言えず、僕はその後も不安な道は夜中にロケハンし、現場から現場への移動では信号待ちのたびに必死に地図を見たのでした。

ガードマンさん、ありがとう

道に迷わず、時間に遅れず、志村さんを収録現場やゴルフ場まで送る。この苦労とは別に、「リムジンをどこに停めるか」ということも僕には重要課題でした。

前にも書いたとおり、僕が最初に運転したベンツリムジンは、車長がおよそ七メートルもありました。この車は志村さんの自宅近くにある平面駐車場に停めていたのですが、三台分のスペースを使っていました。中型車が三台停められるスペースに、ズドーンと大きくリムジンが停まっていたのです。

当然のことながら、路上駐車をするときは大変です。交通の妨(さまた)げにならない場所を探さなければいけないし、いつでも動かせるよう、車から離れることもできません。

付き人になってまもない頃、六本木で待機していると、お巡りさんに声をかけられました。

「志村さん、今日も来ているんだね。何かあったらすぐ移動してね」

そうなんです。夜の六本木界隈では、リムジンの持ち主が誰なのか、お巡りさんたちはみんな知っていたのです。

その後、六本木で地下鉄・都営大江戸線の延伸工事が始まりました。この工事のため、六本木交差点から乃木坂方面には交通規制が入るようになり、夜になると一車線になりました。こうなると路上駐車はますます大変です。あれこれ苦労しながら停められる場所を探していたのですが、あるときエ事現場のガードマンさんに声をかけられました。

「これ、志村さんの車でしょ？」

「えっ、ご存じなんですか」

「うん、降りてくるところをよく見るからね。しかし、君も毎晩大変だねえ」

そんな話をしながら、ふと閃きました。

「この車を工事現場の中に停めさせてもらえないだろうか」

そう思ったのです。ダメ元でお願いしてみると、

「いいですよ。今の時期はトラックの出入りもそんなにないしね」

「ありがとうございます！」

それからというもの、六本木で飲み待ちをするときは大江戸線の工事現場にリムジンを入れさせてもらいました。僕としては、もう本当に大助かりでした。

そのことを志村さんに報告すると、「これでジュースでも差し入れしてあげて」と、お金を渡されました。工事現場のみなさんにはその後も何度か差し入れをしたと思います。

今ではとても許されない話ですが、それから二十数年が過ぎた二〇二〇年、リムジンを停め

てもいいと言ってくれたガードマンさんと、僕はまったく思いがけない形で「再会」するのですが、その話は第五章で書きたいと思います。

無断借用

ある日の夕方のことです。

志村さんを飲み会の会場まで送りました。今しがた書いたとおり、スタートは夕方ですから「今日は早めに帰れるかな」と少し期待していたのですが、夜十二時になっても志村さんは戻ってきません。

「今日も二時三時までか……」

そう思いましたが、朝四時になっても志村さんは出てきません。スタートから一〇時間もたっていますから、さすがに不安になりました。

「もうタクシーで帰っちゃったのかな」

そうも思いました。しかし、僕はずっとお店の前にいましたから、見逃すはずはありません。といって、まさかお店に入って確認することもできず、ひたすら待ちました。

志村さんが出てきたのは、なんと朝十時。実に一七時間もお店にいたのです。どうやら酔って眠ってしまったようで、ひたすら飲んでいたわけではなかったのですが、これが僕の飲み待ち最長記録です。

志村さんと芸能人の方が飲んでいるときは、お相手のお弟子さん、付き人の方もお店の近くに車を停め、飲み待ちをします。そんなとき、付き人同士で話をすることもよくありました。

やがて僕は笑福亭笑瓶さんの弟子の笑助くん、ヒロミさんの付き人の椿知洋さんと仲良くなりました。笑瓶さんやヒロミさんが六本木にいて、志村さんも六本木で飲んでいる——というときは笑助くんや椿さんのところに行って、

「うちの師匠は……」

なんて互いに愚痴ったり、雑談で盛り上がったりしていたのです。

これはずっと内緒にしていたことですが、たまの休みに志村さんが別荘などに泊まりがけの遠出をすると、僕は黙ってリムジンを借り、笑助くんや椿さんと渋谷に出かけてナンパをしていました。車が車だけにヤバイ世界の関係者だと思われてしまい、なかなかうまくいきませんでしたが……（ナンパが成功しなかったのは車のせいじゃなくてお前の見た目のせいだよ、と思ったあなたの明日の運勢は◎）。

「自分の時間がない」は言い訳だ

そんなふうに日々を過ごしているうち、僕の付き人生活はまもなく三年になろうとしていま

した。

運転手として採用されたとき、「何があろうと三年は絶対に辞めない」と、僕は固く決意しました。一方で、志村さんは事あるごとに「付き人は三年もやれば充分」といろいろな人に話していました。ですから僕は、三年は一つの大きな区切りだと常々考えていました。

ここまで書いてきたとおり、僕は一日二十四時間、一年三六五日、志村さんに付いています。自分の時間はありません。

「このままだと芸人になれない」

かねてそう痛感していた僕は、ある日の仕事終わり、麻布十番へ向かう車中で意を決してお願いしました。

「お話ししたいことがあるので、少しお時間をいただけないでしょうか」

すると志村さんはひとこと、「蕎麦屋にいるから来い」。車を駐車場に回して、急いでお店に入りました。

僕の話が何なのか、おそらくその時点で志村さんはわかっていたと思います。少しだけ重苦しい空気の中、勇気を持って言いました。

「まもなく志村さんに付いて三年になりますので、そろそろ付き人をあがらせていただきたいのですが……」

「辞めてどうする？」

「ライブとかに出てみたいんです」

するとと志村さんはキッパリと言いました。

「ダメだ」

すんなり許されるとは思っていませんでしたが、そこまで明確にダメと言われるとは予想外でした。

「お前は今まで何をした？　運転して、現場で着替えを手伝ったりしただけだろ。『自分の時間がない』なんて言い訳でしかない。やるヤツはどんな状況でもやる。俺はドリフのボーヤ（付き人）だった頃、いつもスタッフさんを笑わせていたぞ。お前は芸人になるために何をやった？何もしていないだろ。『辞めて違う環境になったらやる』とお前は思っているかもしれないが、俺のところにいて何もしていないヤツが、俺から離れて何かをやれるわけがない」

正論すぎて言葉が出ません。そのとおりです。時間がない。だから何もできない。ライブにも出られない。そんな言い訳を自分にしながら、僕はほとんど何もしてこなかったのです。

「今の自分に何ができるんだろう？」

このときから、芸人になるために何をすればいいのか、僕はようやく真剣に考えるようになったのでした。

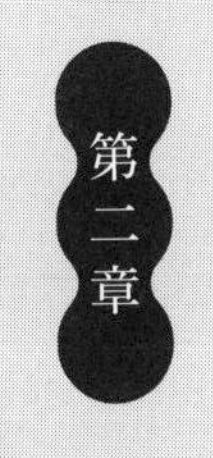

第二章

常識を知らなきゃ「非常識」はできない

天才と呼ばれた人の日々の努力について

北海道ロケでの一コマ（ダチョウ倶楽部の肥後さん、上島さんと）

ネタ会議で勝負

付き人の僕には、たしかに自由になる時間はありません。しかし、よく考えてみればスキマ時間は相当にあります。

たとえば飲み待ちです。それまで僕は、志村さんを待っている間はカーテレビを見るか本を読んでいました。どちらも単なる暇つぶしです。「どうすれば芸人になれるのだろうか」などとは、少なくとも飲み待ちのときは考えませんでした。

膨大な時間をムダにしていたのだとようやく悟った僕は、飲み待ちをしながらコントのネタを考えるようになりました。運転席ではちょっと書きづらかったけれども、コントの台本をせっせと書き始めたのです。

誰かに見てもらうアテもなくネタを考えても、たぶん長続きしなかったでしょう。しかし僕には、ネタの良し悪しを判定してくれる人たちがいました。それも、最高のプロフェッショナルのみなさんです。

当時、志村さんの番組のネタ会議は毎週水曜日にありました。そこにネタを提出することは、僕は立場上、わりと簡単にできます。そしてそのネタの良し悪しは、志村さんや構成作家さん、ディレクターさんに判定してもらえるのです。

ネタをそこそこ書きためた僕は、まず自分なりに面白いと思うものを選びました。そして会議の当日、ＡＤさんにお願いして、構成作家さんが考えたネタの一番下に僕のネタを入れてもらいました。

志村さん、構成作家さん、ディレクターさん。三人のネタ会議が始まりました。作家さんが書いたネタを、志村さんは上から一本ずつ見ていきます。

正直なところ、自信はありました。しかし不安もあって、ドキドキしながら志村さんの手元をじっと見つめる僕。

あと五本。あと三本――。だんだん順番が近づいてきます。

来た！　ついに志村さんが僕のネタに目を通しました。

「どうだろう、笑うかな？」

そう思う間もないくらい、志村さんはサッとネタに目を通し、紙をテーブルに置きました。読んだのか読んでいないのか、わからないくらいの速さです。

自分が面白いと思ったネタが、まったく引っかからない。話題にも上らない。それが悔しく、恥ずかしくもありました。だからといってもう出さないのは、もっと恥ずかしいし情けないことです。

「絶対に台本を通してみせる！」

そう決意した僕は、毎晩必死にリムジンの運転席でネタを考えるようになったのでした。

歩くだけでも大変だ

思い返してみれば、志村さんは数えきれないほどたくさんのヒントを僕に与えてくれていました。

たとえば『ドリフ大爆笑』の収録のとき、「ちょっと歩いてみろ」と突然言われたことがあります。コントのリハーサルで、通行人の役をやってみろと言われたのです。

カメラの前を歩くのはそれが初めてだった僕は、これでもかというくらいに緊張しました。好きな人に告白するときよりも足が震えて、まともに歩けません。

「こんなに緊張するものなのか……」

我ながら驚いたくらいです。そんな僕の様子を、志村さんはモニターで見ていました。

「緊張していたな」

「はい」

「世間のヤツらが高木（ブー）さんのことを『何もできない』とよく言ってるけど、普通に歩くのがどれだけ難しいことか。それをわかっていない連中が多いんだよな」

僕は高木さんをすごい人だと思っていました。ですから、どうして志村さんがそんな話をしたのか、そのときはまるでわかりませんでした。

「志村さんのドリフターズ愛はやっぱりすごいんだなあ」

と感じたくらいです。しかし今になって考えてみると、あれは僕への指導だったのかもしれません。カメラの前で普通に歩くのがいかに難しいか、これでよくわかっただろ？　今後ドリフのコントを見るときは俺だけじゃなく、他のメンバーがどう動いているのか、そこもよく見ておけよ——。そんなことを教えてくれたのかもしれないと思うのです。そこまでの意図がなかったとしても、僕は志村さんの言葉からそうしたヒントを摑むべきでした。

志村さんがよく口にしていた言葉があります。

「常識を知らないと、非常識なことはできない」

ご存じのとおり、志村さんは非常識なことをしでかすキャラクターをいろいろ演じています。たとえば「いいよなおじさん」は、映画館で隣に座っている女性の飲み物を奪い、ストローに口をつけてブクブク息を吐いたりします。

そういう非常識なコントについて志村さんは、

「常識の範囲をすべて知っておかないと、非常識の面白さは表現できない」

と言っていました。

志村さんは毎朝欠かさずニュースを見ていました。スポーツ紙は全紙購読していて、忙しいときは車中に持ち込み、隅々まで目を通していました。

「誰かと話をしていて、『これ知ってる?』って言われたとき、知らなかったら話はそこで終わっちゃうよな。知っていて知らないフリをするのと、本当に知らないのはまったく違う」

そうも言っていました。どちらもすごく納得できる話です。

「お前は俺にいろいろ聞いてくるな」

志村さんを見習って僕もニュースを見たり新聞を読んだりするようになったのかといえば、情けないことにそこの努力はほとんどしませんでした。

もちろん向上心はあります。付き人の仕事をソツなくこなしているだけでは芸人修業にならないとは、重々承知していました。しかし僕の興味は、もっと直接的なことにありました。

麻布十番『叙々苑』で志村さんと食事をしていたときのことです。

その日、志村さんは機嫌が良く、僕はここぞとばかりにあれこれ質問をぶつけました。

「『全員集合』のあの場面では、どんなことを考えていたんですか」

「あのコントはどういうきっかけで思いついたんですか」

そんなふうに聞いているうち、志村さんの口数がだんだん減っていきました。ふと気がつくと、明らかに不機嫌な様子です。

「お前は俺にいろいろ聞いてくるな」

そう言われました。でも、何が不満なのかまったくわかりませんでした。

「今、世間ではこういうことが流行っています。昨日こういう面白いニュースがありました。お前はそういう話をしろ」

今ならその言葉の意味はわかります。常にコントの材料を探していた志村さんは、僕にアウトプットではなくインプットを求めていたのです。僕が自分の出来事をどう語るのか、そこも見たかったのかもしれません。

しかし、そのときは「なんで聞いちゃいけないんだよ」と不満を抱きました。毎日ほとんど二十四時間一緒にいるんだから、新しい情報なんてあるわけないだろ――と生意気にも拗ねていたのです。

それでもその後は僕なりに、「これ、最近ヒットしている曲です」などとＣＤを渡したりしていましたが、そこには何の熱意もなく、志村さんの役に立ちたいという気持ちもありません。

「おお！　この曲はいいなあ」

などと褒められたことは一度もなく、やがて僕からの情報提供は少しずつフェードアウトしていき、最終的にゼロになりました。

努力をすると安心できる

当時、志村さんは一〇日に一度くらいのペースで映画のＤＶＤを買っていました。行き先はたいてい赤坂の駅ビルにあるショップ。毎回一〇本くらい買います。そして、どんなに飲んだ日でも、自宅に帰ったら一本は映画を見ていました。

それが毎日映画を見ていた理由です。実際、ネタ会議にＤＶＤを持ってきて「こういうふうに撮れないかな？」とディレクターさんに提案することもよくありました。

「どこにコントのヒントがあるかわからないし、映像の撮り方も応用できるかもしれない」

あるときそう聞いたら、こんな答えが返ってきました。

「飲んだあとに映画を見るなんて大変ですよね」

「俺が寝ている間にもっと努力してるヤツがいるかもしれない。そう考えたら不安になるから、見たほうが落ち着くんだよ」

長年芸能界のトップにいながら努力を惜しまないのはすごい――と、僕はそのとき思いました。しかし、話はむしろ逆なのかもしれません。努力を惜しまないからこそ、ずっとトップに居続けたのかもしれないと、今は思うのです。

志村さんは映画だけでなくドラマも熱心に見ていました。新しく連続ドラマがスタートすると、とりあえず見る。二話くらい見てつまらなかったら、もう見ない。面白かったら次回も見る。そんなふうにして各局ドラマのほとんどをチェックしていたのです。

コントに使えるものは何かないか？　面白いことは何かないか？　志村さんは一年三六五日、いつも探し続けていました。すごく大切なことを、身を以て示してもらっていたのだと今ならわかります。

しかし当時の僕は、「寝る間も惜しんですごいなあ」とか、「いつ寝ているんだろう？」くらいにしか思っていなかったのでした。

志村流「アイデアの作り方」

志村さんはお気に入りのＤＶＤを僕にたくさん貸してくれました。最初に貸してもらったのは、ジェリー・ルイスの『底抜け』シリーズです。

僕はその頃、往年の海外コメディアンといえばチャップリンくらいしか知らず、何の予備知識もないまま『底抜け』シリーズを見たのですが、たしかにすごく面白かった！　ジェリー・ルイスが時折見せる表情は志村さんに似ているな、とも思いました。

志村さんが貸してくれたのは映画のＤＶＤだけではありません。桂枝雀さんの落語、藤山寛美さんの松竹新喜劇のＤＶＤも「面白いぞ」と貸してくれました。

先ほど書いたとおり、志村さんは僕にインプットを求めていました。「お前は俺にいろいろ聞くな」と言われた僕は、しばらくCDなどを渡していましたが、それはフェードアウトしてしまいました。一方の志村さんは、お気に入りのDVDをどんどん貸してくれて、僕にインプットのきっかけを与えてくれたのです。

いま振り返ってみて「本当にかわいがってくれていたのだなあ」とありがたく思うのと同時に、僕からはほとんどインプットをお返しできなかったことを、心から申し訳なく思います。

流行を常にチェックしていたという話で言うと、『加トちゃんケンちゃん ごきげんテレビ』には「おもしろビデオコーナー」という人気企画がありました。視聴者が撮った面白映像を紹介して、スタジオの志村さんや加藤茶さん、ゲストのみなさんがいろいろコメントする――という今では当たり前になっているテレビ企画ですが、何を隠そうこれを発明したのは志村さんです。

当時はまだ、ビデオカメラを持っている人はほとんどいませんでした。そこで志村さんが考えたのが「番組から視聴者にビデオカメラを貸し出して、いろいろなものを撮ってもらう」というアイデアです。

前にも書いたとおり、『加トちゃんケンちゃん』は『全員集合』が終わった約半年後にスタートした番組です。加藤さんと二人で番組をやることが決まったとき、志村さんは悩んだそう

です。一番気にしたのは、

「パワーダウンしたと思われたくない」

ということだったそうです。ならば、どうすればパワーダウンしていないように見えるか。いろいろ考えていく中で、志村さんはその頃ちょっと流行り始めていたビデオカメラに目をつけたのです。もちろんこれは先見の明のすごさですが、流行に敏感でなければ思いつかなかったアイデアだとも思います。

怒りの視線

どんなに飲んで帰っても、必ず一本は映画を見る。音楽もたくさん聴く。毎朝ニュースをしっかり見て、新聞も隅々まで読む。なおかつ、毎週水曜日のネタ会議に向けて、コントのネタを全身全霊で考える。

そんな毎日を送っていた志村さんにとって、女性との恋愛はどのようなものだったのでしょうか。

「志村さんって、結婚はしたくない人だったんでしょ?」

今でもそう聞かれることがよくありますが、そんなことはありません。

「俺は結婚したいし、子どもも欲しい。親子で『バカ殿様』をやるのが夢なんだ」

よくそう言っていたのです。ただ、志村さんが望んでいた結婚生活はちょっと特殊でした。寝室は夫婦別々。自分の寝室のドアには信号機をつけて、

「今日は一緒に寝たいと思ったときは青」

「一人で寝たいときは赤」

という別居結婚が理想だと、いつも言っていたのです。

自宅でコントと真剣に向き合う時間は、志村さんには絶対に必要だったはずです。ですから、一人の時間が欲しいという気持ちは僕にもわかります。でも、同居している女性には信号機なんて嫌だろうなあ、とも思います。

「俺は寝室のドアに信号機をつけたいんだよ」

あるとき、志村さんはお付き合いしている女性の前でそう言って、自分が理想とする結婚生活について話し始めました。なんとなく微妙な空気になっていきましたが、なおも志村さんは言いました。

「結婚しても、俺は家にはまっすぐ帰らないで飲みに行く。まっすぐ家に帰る俺なんて、お前は嫌だろ？」

突然振られて動揺する僕。リアクションに困って、

「まあ……飲みに行かない志村さんは、ちょっと想像できないです……」

と小声で答えたのですが、その女性から怒りの視線がこちらに向けられている気配をひしひしと感じました。

「これ、いけるんじゃないですか？」

話をまた「僕が真剣にネタ作りを始めた頃」に戻します。

飲み待ちをしながらコントを書き、ネタ会議に出す。しかし、まったく引っかからない。落ち込んだり悔しがったりしながら、また新しいネタを考える。そんなことをくり返していたある日のことでした。

「これ、いけるんじゃないですか？」

ディレクターさんが、僕の書いたコントを会議で推してくれました。すると志村さんは、

「そうだなあ」

とうなずき、「ここはこう変えたほうがいいな」とか「いや待て。こう変えたらもっと面白いぞ」などと、僕の書いたコントをベースにネタを作り始めました。

もう、このときの嬉しさといったらありません。僕の考えたコントを志村さんが演じて、それがテレビで放映されるのですから、まさに夢のような話です。

その後しばらくして、僕の書いたコントがまた通りました。ますますやる気を出した僕。そ

して三本目のコントが通ったときに、ディレクターさんは言いました。

「こいつ（僕のことです）、最近がんばっているんですよ。『バカ殿様』の家来役で使ってみませんか」

ネタ会議のときにそう言ってくれたのです。

「まあ……いいんじゃないか」

志村さんのお許しも出て、僕は憧れの『バカ殿様』に「メガネをかけた家来」として出演することになりました。

付き人になって三年。それまで僕は、目標に向かって真剣に努力をしたことがありませんでした。しかし、二十六歳になってようやく真剣にお笑いに取り組み、その結果が志村けんという国民的スターに認められたのです。それは涙が出そうになるほど嬉しいことでした。

その夜、志村さんを麻布十番まで送ると、「そこのイタリアンにいるから来い」と言われました。車を停めてお店に入り、着席した僕に、志村さんは言いました。

「やればできるだろ？　芸人としてやりたいなら、諦めずに一生懸命やったほうがいい」

そして、

「好きなものを食え」

僕のことをまったく見ていないようで、大事なところでしっかりと導いてくださったのだなと、こうして書いていて改めて感じます。

イタリアンを出たあと、志村さんは飲みに行きました。飲み待ちの車の中で、また喜びが湧き上がってきました。やる気もこれまでにないくらいにみなぎりました。普段は「いつまで飲んでいるんだ」とか「早く出てこないかなあ」などと思いながら待っていた僕ですが、その日は違いました。

「志村さん、今日は何時まででもいいですよ！」

マザー・テレサのような広い心でお店から出てくるのを待ったのです。

無謀なチャレンジ

この日を境に、志村さんの番組の前説をやらせていただけるようになりました。

前説というのは、公開収録が始まる前の「盛り上げ役」です。スタジオのお客さんに注意事項や拍手のタイミングなどを説明しながら、笑いを取って場を温めるのが前説の仕事です。

しかし、これがうまくいかなかった。緊張しまくったうえ、どうやっていいのかもまったくわからず、滑り倒しては恥ずかしい思いばかりしていたのです。

志村さんがゲストで他番組に呼ばれたときには、

「すみません、前説を見てきてもいいでしょうか」

とお願いして勉強することもありましたが、やはりウケはいま一つ。

そんな僕を、志村さんはどう思っていたんでしょうねえ……。師匠としては恥ずかしかったかもしれません。

この頃の出来事だったと思いますが、志村さんがネタ番組をやることになりました。事前にネタ見せがあり、若手芸人のみなさんが集まりました。ディレクターさん、構成作家さん、志村さんの前で、海砂利水魚（現・くりぃむしちゅー）さんなどの面白くて勢いのある若手のネタ見せが始まったのですが、なぜだか僕は急にやる気を起こしました。そして最後のネタが終わったあと、

「すみません、僕も見てもらっていいですか？」

とお願いしたのです。いやあ、若さって怖い。今なら絶対にそんなことは言いません。

僕が無我夢中でネタをやっている間、志村さんはずっとうつむいていました。恥ずかしかったのでしょう。

ネタ見せで大滑りしたから——というわけではないのでしょうが、ある番組の収録のとき、志村さんが段差でのつまずき方を教えてくれました。「デシ男」のコントでよく見かける、あの段差でのつまずきです。

「つま先をここらへんに当てて、体を前に倒す」

セットの段差を使って説明する志村さん。「やってみろ」と言われ、見様見真似でやってみましたが、「ペッパーくんか！」というくらいぎこちない動き。「相変わらずお前は不器用だな」と言われ「すみません」とあやまる始末。

その夜、一緒に食事をしているときに「今日はありがとうございました」とお礼を言うと、「お前は今、何階の部屋に住んでいるんだ？」と聞かれました。

「二階です」

「階段を上がるとき、つまずく練習をしてみろ。俺も昔、アパートの二階に住んでいてな。階段を上がるときに一段一段全部つまずいて、当時の彼女を笑わせていたぞ」

なるほど！　それからコツコツ練習を重ねて「うまくできるようになった」と思えるようになったある日、お付き合いしていた彼女の前で一段一段つまずいてみました。するとなんということでしょう（『大改造!!劇的ビフォーアフター』のナレーションを思い出してください）、彼女は笑うどころか、「大丈夫？」と真顔で心配したのです。

おそらく「やるぞ」という緊張と動きの硬さでまったくコミカルさがなかったのでしょう。

でも、その後もずっと練習したので、今は階段でのつまずきには少しだけ自信があります。

裸で脱衣所をウロウロ

普段は物静かで、人見知りでシャイ。声は小さく、わりとボソボソとしゃべる。ただ、カメラやお客さんの前に出ると「別人じゃないか」と思うくらい大きな声で動き回る。時折子どものように無邪気になる。

それが僕から見た志村さんですが、一方でいたずらが大好きな人でもありました。「サインを書いてください」と子どもに頼まれ、「サイン」とノートに書いて大笑いしたり（そのあとちゃんと書いてあげました）、ロケ終わりの大浴場で下を向いてシャンプーをしている上島さんに、後ろからシャンプーをかけ続けたり。

いたずらなのか、遊びの中の「指導」なのか、ちょっとわからないのですが、志村さんは僕の反応を試すことがよくありました。

たとえば一緒に焼肉を食べていて、皿のお肉が最後の一枚になると、

「食べていいぞ」

と言います。しかし僕が食べたあと、ちょっと間を置いてからこう言います。

「あれっ、ここにあった肉はどこいった？　俺が食おうと思ってたのに」

そのとき僕がどんな反応をするのか見ているわけですが、最初は「えええぇぇ！」くらいしか

返せませんでした。何年かして「ちょっと待ってください。今から出します」と人間ポンプみたいにお腹を叩く、といった返しをするようになりましたが、それが精一杯でした。

地方ロケに行ったときのことです。仕事が終わり、スタッフさんと飲み、さらに上島さんとホテルで部屋飲みをした志村さんに、

「自分の部屋に戻っていいぞ」

と言われました。翌日の準備をしてから大浴場に行くと、ちょうど志村さんと上島さんが出てくるところでした。

あいさつをしてお風呂に入りました。ところが、出てくるとカゴに入れておいた浴衣や下着がありません。腰にタオルを巻いてウロウロする僕を、志村さんと上島さんは物陰から見ていました。困らせようとしたわけではなく、リアクションを見ていたのです。

オナラは世界共通だ

初めて共演する女優さんや女性タレントさんとの顔合わせのとき、志村さんは「オナラ」で相手のリアクションを見ていました。押すと「プッ」と音が出るオモチャを隠し持っていて、普通に話しながら鳴らすのです。

笑う人もいれば、眉間(みけん)にシワを寄せる人もいます。気づかないフリをする人もいます。これ

はいわばオーディションのようなもので、

「オナラで笑う人はコントに向いている。よく笑うってことはお笑いが大好きな証だ」

というのが志村さんの考えでした。

オナラといえば、コントのオチでもよくオナラが使われていました。そのきっかけとなった事件があったと、あるとき志村さんが話してくれたことがあります。

もう二〇年以上も前に聞いたエピソードですから細かいところはウロ覚えなのですが、それはたぶん一九七四年の出来事です。

この年、ドリフターズはテレビ企画でブラジルに行きました。リオのカーニバルでドリフメンバーがハッピを着て踊る、という企画です。そしてその帰り――理由は不明なのですが――ドリフのみなさんはメキシコに立ち寄りました。

メキシコに着いた志村さんは、町に出ました。すると貧しい子どもたちがたくさん集まってきました。子どもたちは頭にトカゲを載せ、必死の形相で何か言っています。

「金をくれ」

どうもそう言っているらしい。しかし言葉がわかりません。「まいったなあ……」。困惑しながら子どもたちに囲まれていた志村さんは、そのとき無意識にプッとオナラをしました。するとその瞬間、子どもたちはいっせいに爆笑したそうです。

「あんなに必死な顔をしていたのに、オナラ一発でこんなに笑うのか！」

「オナラは世界共通なんだ！」

そのときの驚きがオナラで落ちるコントの原点なのだそうです。

メキシコの子どもの話を書いていて思い出しましたが、志村さんは子ども向けのネタは一度も作ったことがないと言っていました。

「子ども向けのネタを作っても、子どもにはウケない。ウケないだけじゃない。『バカにするな』と嫌われる。大事なのは自分が面白いと思うコント、大人が面白いと思うだろうコントを作ることだ」

たしかに子ども目線でコントを作っていたら、あんなに女性の裸やパンティは出てきませんよね。

「コントでちょっとバカな子どもの役をやるときも、バカをやっていると見せたらダメ。すぐに見抜かれる。『全員集合』の生放送が終わって会場を出るとき、『志村ってバカなんだぜ』って言っている子どもがいたんだけど、そのときは『ああ、よかった』と思ったな」

そういう発想があったから、令和の子どもたちも志村さんのコントを見て笑っているのだと思います。

人でした。

番組タイトルの重さ

志村さんは責任感が強く几帳面で、コントに関してはすべてを把握しないと気がすまない人でした。

ディレクターさんや構成作家さんとネタを作り込むだけではなく、ゲストに誰を呼ぶかということも考え、ネタ会議ではセットの図面も確認します。収録現場では、まずセットの確認。それが終わると、着ぐるみや小道具、オチで使うカツラなどを確認します。コントによってはカメラ割りまで確認していました。

これは前にも書いたことですが、用意されている小道具などが志村さんのイメージと違うと、スタッフさんが急いで別のものを持ってきます。セットが作り直しになることもあって、その場合、収録は翌日以降に延期されます。

収録が終わっても、志村さんの仕事は終わりません。コントのテープを自宅に持ち帰り、番組全体の流れをチェックするのです。「この場面をちょっと切ってほしい」とか「このコントとあのコントの順番を変えてくれ」といった具合に、直しが入ることも時にはありました。

すべてに関わるのは、番組タイトルに自分の名前が付いているからです。『志村けんのだいじょうぶだぁ』がスタートした一九八七年以降、志村さんのほとんどの番組タイトルには「志村」の二文字が入っています。これはつまり、番組の評価は志村さんが一人で背負う、ということです。

「ドラマの数字が悪かったときは『脚本が悪い』とか『役者がダメだった』という話になるけど、タイトルに俺の名前が入っているから『面白い』『面白くない』の反応は全部俺に来る」

志村さんは常々そう言っていました。

ドラマといえば、みなさんは『だいじょうぶだぁ』にサイレントドラマがあったのを覚えていますでしょうか？

これにはいくつかのバージョンがあるのですが、基本的に夫婦の物語です。志村さん演じる夫と、女性ゲスト演じる妻。この二人が出会い、結ばれ、幸せに暮らし、そして妻が亡くなる――という構成になっています。ドラマの最初から最後まで、オカリナ奏者・宗次郎（そうじろう）さんの『悲しみの果て』が流れていて、セリフは一つもなく、笑う場面もいっさいありません。見ていて涙が出てくるようなシーンがひたすら続くのです。

泣かせるのは、笑わせるより簡単

このサイレントドラマを僕が初めて見たのは、志村さんに付く前でした。

「何だろう、これ？」

というのが、そのときの正直な感想です。コント番組の中に、どうして悲しいドラマが入っているのか。まったくわかりませんでした。

「あのサイレントドラマは、何だったんですか？」

付き人になって何年か過ぎたある日、聞いてみたことがあります。「俺にいろいろ聞いてくるな」と怒られた僕でしたが、そこはどうしても聞いてみたかったのです。

志村さんの答えはこうでした。

「『ドラマは泣けるから、お笑いよりいい』って言うヤツがいるけど、人が涙を流すポイントはだいたい一緒なんだよ。でも、笑いのツボは人それぞれ違う。泣かせるのは笑わせるより簡単なんだよ。それが言いたくてあのドラマを作った」

志村さんのお笑いに対する愛、そして誇りが強く伝わってきて、「なるほど！」と僕は深く納得したのでした。

コントの中に泣けるドラマを入れる――という話とはちょっと違いますが、あるときお酒の席で、志村さんはこんなことを言っていました。

「一時間番組で一〇本のコントをやるなら、一〇本全部を一〇〇点のコントにしたらダメだ」

「どうしてですか？」

「全部一〇〇点にしたら、どれも印象に残らない。どれも平均点、どれも五〇点のコントに見えてしまう。一〇本の中に六〇点とか七〇点のコントがちりばめてあるから、一〇〇点のコントが際立つんだよ」

たしかにそうです。どれもこれも面白かったら、「一番面白かったのはコレ」という印象は残りません。

そういえば、『全員集合』にはゲストの歌の時間や、「少年少女合唱団」のコーナーがありました。僕は子どもの頃、「歌は聴きたくないよ～。コントが見たいんだよ～」と思っていましたが、だからこそコントが強く印象に残りました。

ご存じのとおり『全員集合』の放映は土曜日でした。月曜日になって「志村のあの場面が面白かったよな～」などと学校で友達と盛り上がったのは、歌があったからなんです。

とはいえ、あえて六〇点とか七〇点のコントを作るという発想は、そう簡単に思いつくものでしょうか？　志村さんは自分を俯瞰(ふかん)で見ていたからこそ「一〇〇点のコントを際立たせる方法」を考えついたのでしょうが、そんなふうに自分を俯瞰で見るのは、簡単なようで実はすごく難しいのではないかと思います。

酒は飲まぬが飲みに行く

付き人になってから四年が過ぎた一九九八年の秋。加藤茶さん、ビートたけしさん、志村さんの三人で、コントの特別番組をやることになりました。『加トけん たけしの世紀末スペシャル!!』という特番です。

このときも志村さんはネタ作りに参加したのですが、何回目かのネタ会議のあと、体調の異変を訴えました。

「胃が痛い」

というのです。かかりつけの病院で診てもらったところ、胃に潰瘍が八つも出来ていることがわかりました。

たけしさんとやる。加藤さんとやる。最高の番組を作らなければいけない。そんなプレッシャーから胃潰瘍になってしまったのです。ずっと第一線で活躍してきた志村さんがプレッシャーを感じていたなんて、僕にはまったく思いもよらないことでした。これはあとで知ったのですが、このとき志村さんはゴルフをしている最中でもネタを考え、額にシワを作っていたそうです。

志村さんが胃潰瘍になったと知ったとき、もちろん僕は心配しました。しかし同時に、

「これでしばらく早く帰れる」

とも思いました。志村さんはすごく責任感が強い人です。当面はとにかく胃潰瘍を治すことに全力を尽くすはずで、お酒はしばらく断つだろうと僕は思ったわけです。

その予想は当たりました。しかし、自宅にまっすぐ帰ることはありませんでした。いつものように上島さんを誘って飲みに行き、

「竜ちゃんは遠慮しないで飲めよ」

と言いながら、自分はホットミルクを飲んでいたのです。上島さんはボソッと僕の耳元で、「飲みづらいなあ」とボヤいていましたが……。

あまり知られていないことだと思いますが、志村さんは健康にすごく気を使っていました。たしかにお酒は毎日飲んでいましたが、お酒をおいしく飲むための健康管理には一生懸命に取り組んでいたのです。

あるとき志村さんは、かかりつけの病院で健康診断を受けました。「肝機能の数値に問題がある」という結果が出て、お医者さんは言いました。

「青魚をたくさん食べてください」

それからの一ヵ月間、志村さんはあの手この手で調理して毎日ひたすらイワシを食べ続けました。その結果、肝機能の数値は大幅に改善されました。しかし、あまりにイワシを食べていたために、別の何かの数値が悪くなってしまい、「食べすぎですよ！」とお医者さんに怒られたそうです。

またあるとき「きなこ豆乳が体にいい」と、どこからか聞きつけた志村さんは、その日から

毎日きなこ豆乳を飲んでいました。僕が付いていた頃の志村さんはヘビースモーカーでしたが、肺炎にかかって入院した二〇一六年以降、タバコはきっぱりやめています。

自分が飽きてはいけない

健康に気を使っていたのは、もちろん「仕事で人に迷惑をかけない」という目的もあったはずです。体調が悪ければ一〇〇パーセントの力は出せません。だからこそ毎日イワシを食べたり、毎日きなこ豆乳を飲んだりしていたのでしょうが、もう一つ、志村さんはマンネリをまったく怖れない人でした。

「変なおじさん」にしても「バカ殿様」にしても、あるいは「デシ男」や「ひとみばあさん」のコントにしても、導入のバリエーションは毎回違うけれども、展開はだいたい同じです。

これに対して「もういい、飽きたよ」と言う人たちが、当時はわりといました。しかし志村さんはそうした声を耳にするたび、

「マンネリの何が悪い」

と言っていました。「マンネリになるまでやれることがすごいんだ。悔しかったらマンネリと言われるまでやってみろ」と。

そんな志村さんも『全員集合』のときに「カラスの勝手でしょ〜♪」に飽きてしまったこと

があるそうです。歌えば笑いが起こる。だから毎回歌う。これをくり返しているうちに自分自身が飽きてしまったのです。

あるとき「もう歌いたくありません」と、いかりや長介さんに相談したそうです。その結果、「じゃあ、やめるか」ということになって、次の放送では歌いませんでした。ところが放送が終わったあと、TBSにクレームの電話が殺到しました。

「なんで歌わないんだ？　うちの子どもが納得できなくてグズグズ言って、寝ようとしない。どうしてくれるんだ」

そんなクレームまであったというから驚きですが、志村さんはこのとき「自分が飽きたらいけないんだ」と気づいたそうです。

志村さんは若手の芸人さんたちと話すとき、「売れたきっかけになったネタはやり続けたほうがいい」と常々言っていました。たとえばタカアンドトシさんには「欧米か！」をやり続けたほうがいいとアドバイスしていたのですが、そういうときいつも例に出していたのが、この「カラスの勝手でしょ」のエピソードでした。

映画『鉄道員』の志村さん

映画やドラマを山のように見ていた志村さんですが、自分が出演することには積極的ではありませんでした。僕が付き人になった当時、「志村けん」の名前で出た映画はゼロ！　ドリフターズの映画に本名の「志村康徳（やすのり）」名義でわずかに二本、出演したのみでした。ドラマのオファーはチラホラありましたが、極力受けないようにしていました。

「俺は俳優には向いていないから」

それが理由だったそうですが、どうでしょうか。むしろすごく向いていたんじゃないかという気がします。

映画『裸の銃（ガン）を持つ男』シリーズのレスリー・ニールセンは、実は『加トちゃんケンちゃん』や『だいじょうぶだぁ』に出演しているのですが、そのときニールセンは、

「ハリウッド映画に出てみないか？」

と志村さんを誘ったそうです。でも断わった——という話を志村さんから聞いたような、おぼろな記憶が僕にはあります（ここの記憶はちょっと不確かなのですが）。

そんな志村さんがドリフの映画以外で初めて出演したのが、高倉健さん主演の『鉄道員』（一九九九年）でした。志村さんは中学生の頃から高倉さんのファンで、

「健さんたっての希望です」

とオファーされ、炭鉱夫役として出演を決めたのでした。

高倉健さんと初めて会うロケの前日、志村さんの留守電にこんなメッセージが入りました。

「弟子入り志望の高倉です。明日は寒いですから、気をつけてください」

これはかなり嬉しかったようで、志村さんはいろいろな人にこのメッセージを聞かせていました。

「健さんは待ち時間が何分あっても座らない」

「健さんが俺にコーヒーを淹れてくれた」

現場での出来事を、いつにないテンションで語る志村さん。初めて入った練馬区大泉の東映撮影所の楽屋には、高倉健さんから花が届いていました。それを見たときも、傍目にわかるほどテンションが上がっていました。

普段のコントで、志村さんはほとんどリハーサルをしません。しかし『鉄道員』の撮影現場では時間をかけてリハーサルをやっていて、これは僕の目には新鮮でした。

一方で、漂っている空気感は『バカ殿様』によく似ていました。どちらの現場にも、思わず背筋がピンと伸びるような緊張感が張り詰めていたのです。

長年テレビの世界で活躍してきた志村さんですが、戸惑いや緊張は多々あったと思います。それでもNGはゼロ。それどころか「もう少し出番を増やせないか」という意見がスタッフさんたちから出て、「でしょ？　うちの師匠はすごいですから」と、僕は心の中でドヤ顔になったのでした。

まさかのネタ見せ

コントの現場では、志村さんは総責任者です。照明の当て方、カメラの構図、セットや小道具のあれこれまで気を配り、そのうえで「ひとみばあさん」や「デシ男」「バカ殿様」「変なおじさん」などなどを演じるわけです。

しかし映画の現場では、志村さんは出演者の一人でした。当然のことながら、監督さんからいろいろな注文が来ます。これはCM撮影も同じで、「ここでいったん止まってください」とか「このセリフはこんな感じでお願いします」といった具合にリクエストがあるわけです。

そういうとき、志村さんはいつも難なく対応していました。どんな注文でも、サッと見事にこなすのです。これも本当にすごいことで、僕にはとても真似できません。

『鉄道員』の撮影現場で、志村さんが時間をかけてリハーサルをしたという話を先ほど書きましたが、そのとき以上にたっぷりリハーサルをやったのが、二〇〇〇年の『NHK紅白歌合戦』でした。

このとき志村さんは、ビートたけしさんと一緒にコントをしています。氷川きよしさんの出番の直前、コントで場を盛り上げたのですが、実は事前にネタ見せがありました。志村さんとたけしさんがスケジュールを合わせて、NHKさんの会議室でネタを披露したのです。

「大御所（おおごしょ）二人に対してネタ見せとは！」

僕は驚きましたが、さらにビックリすることがありました。ネタ見せが終わったあと、「時間を縮めてもう一回やってください」

という、まさかのリクエストがＮＨＫさん側から出たのです。これにはさすがにお二人とも驚いていましたが、そこはさすがに超一流コンビです。別に嫌な顔もせず、言われたとおり時間を縮めたコントを難なくやりました。

でも志村さんは帰りの車中で、

「たけしさんにあんなこと言うか？」

と少し怒っていました。

六年目の決意

志村さんとたけしさんが『紅白』でコントを披露した二〇〇〇年。この年は、僕が付き人になって六年目でした。

『バカ殿様』をはじめいろいろなコントに使っていただき、楽しい毎日が続いていましたが、もうすぐ三十歳。「このままでいいのだろうか？」と考えないわけにはいきません。

「志村さんのところを離れてやってみよう」

あれこれ考えてからそう決めたのは、この年の六月だったと思います。

「お話ししたいことがあります。どこかでお時間をいただけないでしょうか?」

麻布十番に向かう車中でお願いしました。すると志村さんはお蕎麦屋さんに行くように告げ、

「車を停めたら店に来い」と言ったのでした。

三年前とまったく同じように、お願いしたその直後に時間をいただいたわけです。普段は僕のことなどまったく気にかけていない様子なのに、何かあったらすぐに対応してくれる。やはり志村さんはすごく懐が深い人なのです。

お店に入って、お蕎麦を注文してから食べ終わるまでは、最近見た映画の話、志村さんの仕事で特に面白かったことなどについて話しました。そして食べ終わったところで箸を置き、改まって言いました。

「ライブに出るとか、自分でいろいろやってみたいと思います。付き人を卒業させてもらえませんでしょうか」

すると志村さんは、

「わかった」

とあっさり了承してくれました。あまりにもあっさり過ぎて「俺はいらないと思われていた?」と逆に少し不安になったほどです。

「お前、何年いるの？」

「六年です」

「六年！　いくつになった？」

「来年で三十歳です」

「三十！　お前、何してんだ。もっと早く辞めないとダメだろ」

「えぇぇぇ！」

笑いながらそんなやりとりをしたあと、志村さんはこんな言葉を贈ってくれました。

「がんばれるだけやってみたらいい」

本当に嬉しい言葉でした。

そしてもう一つ、「できれば次の付き人をちゃんと教えてから辞めてほしい」とも言われました。たしかに、いきなり新しい子が入ってもどうにもなりません。少しでも恩返しができるのならと、喜んでその「仕事」を引き受けました。

ところがこれがちょっと難航しました。「志村けんの運転手募集」という告知をアルバイト雑誌に出し、新しい子が入ってきたのですが、すぐに辞めてしまったのです。

憧れの志村さんのもと、テレビ業界で働く。希望を胸にやって来たものの、想像していたような華やかなことばかりではありません。入っては辞め、辞めては入る――が三人ほど続き、ようやくHくんという子が辞めずにがんばってくれるようになったとき、一年が過ぎていました。そんなわけで、志村さんに付いてから七年目、ようやく僕は卒業することになったのでした。

第三章 芸人修業

師匠のスネをかじってばかりでスミマセン

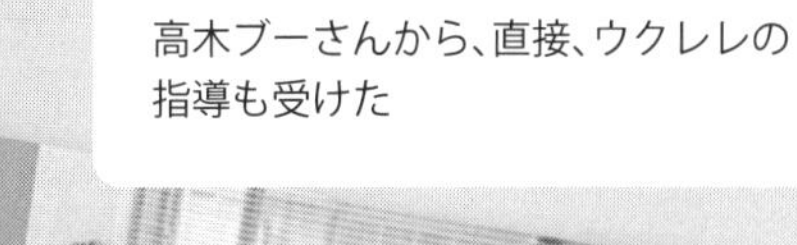

高木ブーさんから、直接、ウクレレの指導も受けた

ライブ『弟子でしｓｈｏｗ』

付き人を卒業することを許された僕は、新しく入った子に仕事を教えながら、自分の活動を始めました。笑福亭笑瓶さんの弟子の笑助くん、ヒロミさんの付き人の椿さん、浜田雅功さんの付き人のIさん、そして僕の四人で『弟子でしｓｈｏｗ』というライブを立ち上げたのです。

会場は世田谷・三軒茶屋（さんげんぢゃや）のキンコンカン劇場。今はなきこの劇場を管理していたのは萩本欽一さんです。小学生の頃に萩本さんをテレビで見ていた自分が、キンコンカン劇場でライブをやっている。そう思うと、なんとも感慨深いものがありました。

ライブには田代まさしさんのお弟子さん、ラサール石井さんのお弟子さん、大平サブローさんのお弟子さん、村上ショージさんのお弟子さんなどをゲストに招いてネタをやってもらい、最後は僕たち四人で一〇分ほどのコントをやりました。ウケがいま一つでたくさん凹（へこ）んだけれど、その頃は毎日が楽しくて仕方ありませんでした。

『弟子でしｓｈｏｗ』の活動が始まってからしばらくして、吉本興業さんのあるコンビと知り合い、「トリオを組みませんか」と誘われました。

「新宿ルミネでやっているライブに『一分コーナー』というのが出来るんですよ。そこでウケたら上にあがれます。三ヵ月でいいので試しにトリオでやってみませんか」

何事も挑戦だとこの誘いを受け、トリオを組んでみたのですが、簡単に上にあがれるような甘い世界ではありません。三人集まって知恵を絞り、あれこれネタを考えましたが、いい結果は出ませんでした。

そんなある日、志村さんと食事をする機会があったので、思い切って相談してみました。

「なかなか上に行けません。どうすればいいのでしょうか」

「ネタ時間は何分なんだ？」

「一分です」

「一分！　それはきついな……。俺が若いときは最低でも一五分あった。一分じゃネタ振りもできないよな」

「はい。それで困っているんです」

志村さんは「うーん」と腕組みをしてしばらく考え、そして言いました。

師匠のネタで勝負

「五〇秒で前フリをきっちり作って、ラスト一〇秒で笑いを取るしかないな」

「なるほど」

「たとえばこういうのはどうだ。商店街の懸賞で、福引をひいた相方が一等の国内旅行を当てる。『行き先は今から決めます』と別の相方が言って、そこにお前がふんどし一つで出てくる。くるっと後ろを向いたら、背中に大きく日本地図が描いてある。『この日本地図に注射器を投げてください。刺さったところがあなたの行き先です』となる」

「はい」

「注射器を投げたら、何も描いていないケツに刺さる。それで『行き先は奥尻島(おくしりとう)です』とか、まあそんなオチかな。ケツに注射針が刺さってもそこまで痛くねえしな」

まさに「すごい！」のひとことです。ほんの三〇秒くらい考えただけで、そんなネタが出てくるのだから天才としか言いようがありません。

「ありがとうございます！」

心からお礼を言って、すぐにメンバーの二人に連絡しました。かくかくしかじか、こういうネタを志村さんが考えてくれた。やってみないか。すると二人とも「面白い」「やろう」と乗ってくれました。

僕はまず脱毛剤を買ってきて、見苦しくないように足の毛を全部脱毛しました。それから注射器がお尻にちゃんと当たるように練習を重ね、いざ本番。志村さんのアイデアそのままに前フリをして、注射器がお尻に刺さった瞬間、笑いが起こりました。

「すごい……。志村さんは本当にすごい」

ウケて嬉しいと思うより先に、そう思いました。

とはいえ、毎回志村さんにネタを出してもらうなんてことは、まさかできるはずもありません。五〇秒で前フリをして、最後の一〇秒で笑いを取る。そこの基本線をもとにネタを考え、何度か挑戦しましたが、うまくいきませんでした。注射器のネタ以外は大きな手応えはなく、三ヵ月たっても上にあがれなかったので、僕はトリオを抜けさせてもらったのでした。

卒業はしたけれど

その後はかねきよ勝則（かつのり）くん（現・新宿カウボーイ）と『いちばんのり！』というコンビを組みました。そのときはまだHくんに付き人の仕事を教えながら自分の活動をしていたのですが、Hくんがしっかりやってくれそうだとわかったタイミングで、ダチョウ倶楽部さんが所属する太田プロダクションでお世話になることになりました。間を取り持ってくれたのは、志村さんのマネージャーのKさんです。

名実ともに、これが付き人の卒業でした。

石の上にも三年と固く決意して志村さんに付いてから、都合七年。勉強になったこと、嬉しかったこと、楽しかったこと。それは数えきれないほどたくさんあったけれど、つらい出来事もやっぱりたくさんありました。

もうダメだ。もうこれ以上は続けられない。明日志村さんと顔を合わせたら「辞めさせてください」とお願いしよう。そう思ったことは、両手では数えられません。でも、翌日の収録現場で志村さんのコントを見ると、腹を抱えて笑ってしまうのです。

「こんなに嫌だと思っているのに、笑ってしまうとは……」

自分でも意外でした。そして「とりあえずしばらく続けてみよう」と思い直す。そんなことのくり返しだった気がします。しかし、太田プロにお世話になると決まったときには、深い感謝の気持ちが自然と湧き上がってきました。

「志村さんに付けて本当によかった」

そう思ったのです。これからいよいよ一人でやっていくんだという高揚感がある一方で、少しの寂しさもありました。

ところが、いざ一人で立ってみると仕事はほとんどありません。太田プロは歩合制でしたから、仕事がなければ収入はゼロです。

そんな僕を心配した志村さんのマネージャーさん、志村さんの番組制作のみなさんたちは、毎週のように何かしらの役を与えてくれました。それ以外にも、いろいろな仕事で志村さんとご一緒させていただきました。

太田プロの所属となり、かねきよくんとコンビで活動するようになった僕。しかし、その後も志村さんのもとを離れたという実感はほとんどありませんでした。

ウクレレの師匠

付き人時代、僕は志村さんの個人事務所から毎月給料をもらっていました。決して高給ではありませんでしたが、それでも生活の心配はまったくありませんでした。食事はいつも志村さんに食べさせてもらっていたし、遊ぶ時間はほぼゼロでしたから、自分のお金を使う機会もほぼゼロだったのです。

付き人を辞めた僕は、まずアルバイトを探しました。今しがた書いたとおり、太田プロは歩合制です。志村さんの番組にいろいろ呼んでいただいてはいたものの、それだけで毎月の生活費をまかなうのは厳しかったのです。

「さて、何のバイトをやろうかな」

そう思っていた矢先、志村さんのマネージャーのKさんから声をかけてもらいました。

「今度、麻布十番で（高木）ブーさんがハワイアンのお店を始めるんだけど、アルバイトで手伝ってみない？」

「ありがとうございます。やらせていただきます！」

そんなわけで、週に二回、ブーさんが経営する『ＢＯＯ's Ｂａｒ ＨＡＬＯＮＡ』でアルバイトを始めました。

『ＢＯＯ'ｓ Ｂａｒ ＨＡＬＯＮＡ』の壁には、ドリフターズの写真がたくさん飾ってありました。荒井注さんがいた時代のモノクロ写真が多く、若き日のメンバーがそれぞれ楽器を持っている写真もあります。ドリフファンの僕には心躍るものがありました。

お店を切り盛りしていたのは、ブーさんの姪っ子さん。たしか二〇席ほどあって、ハワイの飲み物や食べ物を出し、週に二、三回、ブーさんがディナーショー形式でライブをします。

「ブーさんのライブを近くで見られて、お金ももらえる。なんて素敵なアルバイトなんだ！」

お店は女性客を中心に賑わっていて、仕事は結構忙しかったのですが、僕としては楽しく働いていました。

毎週土曜のお昼、ブーさんはお店でウクレレ教室を開いていました。あるとき「僕も参加したいです」とお願いしたら、

「じゃあ、これ、お前にやるよ」

と、いきなりウクレレをくれました。これは本当に嬉しかったですね。このときにいただいたウクレレは今も大事に持っています。

それから僕は毎週土曜日にウクレレを教わるようになりました。僕のお笑いの師匠は志村さんですが、ウクレレの師匠はブーさんなのです。

ウクレレは今でも営業などで弾いています。しかし腕はいま一つで、本番で失敗することもたびたびあります。そんなときには「師匠の教え方が悪かった」とブーさんのせいにしているのはここだけの話ですが。

恐怖の指令

ブーさんのエピソードは他にもまだあるのですが、それはあとで書くことにして、話を元に戻したいと思います。

付き人を卒業してから何ヵ月か過ぎたある日、志村さんのマネージャーさんから電話がありました。

「今度ドリフがNHKの生放送に出るんだけど、手伝いに来てくれないか」

お安い御用です、喜んでやらせていただきますと、二つ返事で引き受けました。

生放送というのは『思い出のメロディー』という歌番組でした。ドリフターズの持ち時間はコントと歌を合わせて二〇分ほど。手伝いをするだけですから、僕にとっては特に難しい仕事ではありません。

ところが当日、思いがけないことが起こりました。リハーサルの直前、志村さんのマネージャーさんが僕にこう言ったのです。

「仲本（工事）さんが舞台の仕事で遅れる。リハーサルには間に合わないから、お前が仲本さんのかわりをやってくれ」

「えええぇぇ！」

驚愕しました。志村さんだけではなく、いかりやさん、加藤さん、ブーさんに混じって、僕がコントと歌をやるのです。

「怖ぇぇ……」

正直、そう思いました。しかし「嫌です」なんて絶対に言えません。それに、こんな機会はもう一生に一度もないはずです。

「やります！」

怖さを飲み込んで、元気に答えました。

台本を見ると、番号コントが二本と学校コント。歌が五曲。長年ドリフターズを見てきた僕ですから、「あのコントか」とすぐにわかりました。歌はコントほど覚えていなかったので不安が残りましたが、やがてリハーサルの時間になりました。

叩かれ蹴られ、大喜び

志村さん、いかりやさん、加藤さん、ブーさん、そして僕は「ドリフといえばこれ！」の首からハンドマイクをぶら下げるスタイルで並んで立ちました。これにはテンションが上がりました。リハーサルとはいえ、ドリフメンバーに自分が混じってステージに立っているのです。夢中になって『全員集合』を見ていた小学生の頃、まさかそんな未来が待っているとは夢にも想像していませんでした。

「エンヤーコラヤッ♪」

で始まる『全員集合』のオープニング曲が流れ、ついにリハーサルがスタート。「仲本」と書いたボードを首からぶら下げた僕は、立ち位置的にいかりやさんと志村さんの間で猛烈に緊張しながらも、歌と踊りをどうにかやりました。

歌のあとは番号コント、歌、また番号コントという進行だったのですが、二回目の番号コントのとき、またも予想外のことが起こりました。仲本さん役でボケる僕を志村さんは叩き、さらに回し蹴りを入れたのです。

それを見ていた加藤さんが言いました。

「お前、自分の弟子だからってそんなに激しくやっているけど、本番は仲本だからな」

するとさらにもう一回、蹴りが入りました。

ここまで読んだ方は「かわいそうに……」と思ったかもしれません。いえいえ、真逆でございます。僕としてはもう嬉しくて嬉しくて仕方ありませんでした。

『バカ殿様』で志村さんと共演をした経験はありましたが、僕が演じた「メガネをかけた家来」にセリフはありません。「バカ殿様」との絡みもゼロ。ですから、志村さんに突っ込まれたのは、このときが初めてでした。それだけでも嬉しいのに、そこに加藤さんが突っ込み、さらにもう一回志村さんのツッコミが入ったのです。もう嬉しさを通り越して感動です。

その後『ゴー・ウエスト』という歌のとき、立ち位置を見失った僕に、志村さんは「ここだ」と教えてくれました。これもまた感動でしたし、さらにこの日は「ドリフターズ六人目の男」と言われたすわ親治さんもコントに参加していて、僕はまさに夢のようなひとときを過ごしたのでした。

リハーサルが終わったあと、ディレクターさんが収録テープを渡してくれました。そのビデオテープはＤＶＤに焼き直して、今でもたまに見返しています。僕の一生の宝物です。

見知らぬ人にチケットを売る方法

夢のような出来事があった一方で、かねきよくんとのコンビ『いちばんのり！』には相変わらず仕事がありませんでした。当時、太田プロは月一回のライブを主催していたのですが、毎回ネタ見せで落とされていて、どうにかしてライブでネタをやりたかった僕たちは、他の事務所のコンビと自主ライブを始めました。

無名のコンビ二組の自主ライブですから、ただ待っているだけではお客さんなんてまず来ません。そこで僕たちは毎週日曜日に原宿へ行って、チケットを売りました。道行く人たちや路上でクレープを食べている人たちに、

「お笑いライブに興味はありませんか？」

と声をかけて回ったのです。足を止める人がいたら自己紹介をして、チケットを買ってもらいます。しかし当然のことながら、怪しまれることは多々ありました。

それはそうですよね。声をかけられた人からすれば、僕たちはどこの誰ともわからない怪しげな連中です。そんなヤツらから「チケットを買ってください」と言われても、そもそものライブが本当に開催されるのかどうかさえ怪しい。

そんなとき、僕が使っていた決めゼリフがあります。

「僕、『バカ殿』に出ているんですよ」

これです。もちろんこの段階ではまだ信用されません。そこでこう言います。

「バカ殿様の部屋に、メガネをかけた家来がいるでしょ。青い袴（はかま）をつけて、障子の開け閉めをしているメガネの家来。あれは僕です」

その瞬間、たいていの人は「ああ！」と驚きます。「怪しい人」が「テレビで見たことがある人」に変わるわけです。そしてダメ押し。

「志村けんの弟子です」

そこまで言うと一気に信用され、時にはチケットを買ってもらえました。

「やっぱり志村さんはすごい！」

チケットを売るたびに実感しました。それは弟子として、誇らしいことではあります。しかし、それよりはむしろ情けなかった。自分からお願いして付き人を卒業させてもらったのに、志村さんの名前に頼らなければチケットが売れないのです。

もっと活躍したい。でも仕事がない——。鬱屈とした思いのままコンビ結成から四ヵ月が過ぎて、僕とかねきよくんはある計画を立てました。青春18きっぷを使った【東北一周路上漫才の旅】を企画したのです。

学がなくてすみません

ご存じのとおり、青春18きっぷというのはＪＲ各社が販売している格安乗車券です。五枚つづりになっていて、一枚の切符で一日乗り放題。ただし乗れるのは普通列車と快速列車だけです。当時はたしか五枚つづりで一万一五〇〇円でしたから、一枚あたり二三〇〇円という計算になります。

この切符を使って東北地方を五日間、路上漫才をしながら旅をしてみようと、僕たちは計画しました。ルールとして、五〇〇〇円だけ手持ちのお金を持ってきていいと決めました。

最初に降りたのは宇都宮駅です。

「よーし、東北一周の始まりだ！」

駅前に「路上漫才の旅」と書いた段ボールの看板、そしてお金を入れてもらうための箱を置いて、漫才を始めました。

ここでみなさん、一つ疑問を持ったはずです。「東北を回る旅なのに、なんで栃木県？」と。理由は単純です。学のない僕たちは栃木県を東北地方だと思い込んでいたのです。

さて肝心の漫才ですが、三、四人くらいは足を止めてくれたでしょうか。終わってから箱をのぞくと、飴などのお菓子がチラホラ。当たり前といえば当たり前ですが、厳しいスタートになりました。

翌日は福島。そこから秋田に入りました。お風呂は銭湯、泊まるのは駅のベンチという旅です。仙台では繁華街の路上で寝ました。やはりお金はなかなかもらえず、三日目に目指したのが青森県八戸市でした。

ここを目指したのには理由があります。付き人時代、一緒に働いた佐久間が、八戸でパスタ料理のお店をやっていたからです。事前に電話で「漫才をやらせてほしい」と頼んだのですが、短かったとはいえ同じ現場で苦労した誼なのでしょう。

「いいよ」

と佐久間は快く言ってくれました。もうお気づきだとは思いますが、ここでも僕は志村さんのツテを頼ったわけです。

久しぶりに会った佐久間は、すっかりオーナーの顔になっていました。かねきよくんと僕はお店を少しだけ手伝い、夜の営業時間にお客さんの前で漫才をしたのですが、このときやっと幾許（いくばく）かのお金をいただくことができました。

そして最終日。岩手県盛岡市の居酒屋で「明日は帰るだけだから」と、二人でプチ打ち上げとなりました。しかし互いに手持ちは乏しく、飲み物一杯とおつまみを二品頼んだところで所持金が尽きました。

「これじゃ打ち上がらないよ！」

ということで、ダメ元でお店の方にお願いしてみました。

「僕ら、路上漫才で東北を回っているんですが、今の注文でお金がなくなってしまいました。お店で漫才をさせていただけないでしょうか」

すると「いいですよ」とまさかのオーケー。「お楽しみのところすみません」と、お客さんたちに事情を話し、漫才をやらせてもらいました。ありがたいことに飲み物や食べ物をたくさん差し入れていただき、ようやく打ち上がった感じになりました。

こうして僕とかねきよくんの東北一周路上漫才の旅は終わったのでした。

鳴かず飛ばずの三年間

東京に戻ってしばらくして、高木ブーさんのお店のアルバイトを辞めさせていただきました。仕事には何の不満もなかったのですが、週二日だけでは生活ができなかったからです。

その後はいろいろなアルバイトをしました。軽トラックに乗って「たけや〜、さ〜おだけ〜♪」のアナウンスを流して走る物干し竿（ざお）売り。深夜のスーパーの品出し。治験。バイク便。しかし、どれも長続きしませんでした。

なぜかというと、先輩から飲みや遊びに誘われるたびに「すみません、オーディションが入りました」と嘘をついて休むからです。入るときの面接で、芸人をやっていること、急に仕事が入ることがあると伝えていますから、最初のうちは、

「いいよ、がんばって」

と送り出してもらえます。しかし、そうやって急に休むことが二回、三回と続くうち、さすがに「また？」と嫌な顔をされるようになります。そうなるとこちらも居づらくなって辞めてしまうわけです。

バイト、ライブ、たまにバイトをさぼって先輩との飲み。そんな毎日を送っていたある日、

僕たちがやっていた自主ライブの客席に、見覚えのある顔がありました。なんと上島さんが来てくれたのです。しかも奥さんのひかるさんも一緒に。

会場は中野の『ｔｗｌ』というライブハウスでした。たしか座席が四〇ほどの小さな会場に、わざわざ足を運んでくれるなんて……。

ライブが終わってから、かねきよくんと一緒に飲みに連れて行ってもらい、「あそこが面白かった」「ここはダメだった」と、貴重なアドバイスをたくさんもらいました。

そんなふうにして僕たちをかわいがってくれた先輩は、他にもたくさんいます。僕たちもなんとかコンビでがんばって売れたかった。しかし、鳴かず飛ばずが三年続き、残念ながら『いちばんのり！』は解散することになりました。

二〇〇四年春のことです。僕は三十三歳になっていました。

僕の芸名はいかにして生まれたか

コンビ解散が決まって、志村さんに報告に行きました。

「これからどうするんだ？」

「一人でがんばっていこうと思っています」

「そうか」

話はそれで終わりました。何か相談したら真摯に答えてくれたとは思います。しかし、こちらから何か言わなければ、僕のやることにはほとんど口出しせず、静かに見守っているのが、志村さんの基本スタンスでした。

コンビ解散は上島さんにも報告しました。会場は忘れもしない、東中野の居酒屋『野武士』。その日は上島さんが主催する飲み会「竜兵会」があって、僕はその場にいたみなさんにまずコンビ解散を報告してから、こんなお願いをしました。

「今後はピン（一人）で活動していこうと思っています。つきましては、みなさん。芸名をつけていただけないでしょうか」

その場にいたのは、有吉弘行さん、インスタントジョンソンのスギ。さん、上島さん、デンジャラスさん、肥後さん、ヤマザキモータースさん（あいうえお順です）。いずれも太田プロの先輩方です。

しばらく沈黙が続いたあと、有吉さんが言いました。

「げそ太郎」

するとみなさん、いっせいに爆笑。

「それいいな！」

「面白い！」

その後、「せっかくだから落語家さんみたいな亭号をつけて、ゆくゆくは弟子を取ればいい」という話になって、肥後さんが「乾き亭」と言い、またも爆笑になりました。

僕としては、少しふざけすぎている名前のような気がしました。しかし、これだけ面白い人たちが口を揃えて「いい名前だ」と言っているのですから、ありがたく「乾き亭げそ太郎」をいただきました。

一つ不安だったのは志村さんです。新しく芸名が決まったのですから、報告しないわけにはいきません。しかし、あまりにもふざけすぎている「乾き亭げそ太郎」という名前に、志村さんはどう反応するだろうかと不安でした。

「新しい芸名が決まったという報告は、やっぱり志村さんにしたほうがいいですよね？」

上島さんに聞くと、「そりゃあ師匠にはちゃんと言ったほうがいいな」とのお答え。それはそうです。芸名が決まったのに師匠に報告しないのなら、もはや弟子ではありません。

ドアの向こうから「あいよ」の返事

数日後——。フジテレビの楽屋に志村さんを訪ねました。事ここに至ったら堂々と報告するしかないのですが、やっぱり怖くて付き人の子に聞きました。
「今日の志村さん、機嫌はどんな感じ？」

「悪くはないと思います」

少し勇気をもらって、楽屋のドアをノックしました。

「信一です。入ってもよろしいでしょうか」

するとドアの向こうから、

「あいよ」

の返事。志村さんは普段は物静かで、僕が何かを聞いたときは無言でうなずくか、「ああ」と短く返事をするか、そのどちらかでした。しかし稀に、「あいよ」と言います。

これはものすごく機嫌がいいときの返事です。「あいよ」はいわばパチンコの確変突入! または単勝万馬券大当たり! あるいは新垣結衣さんに告白される! もしくは県知事選に立候補して（「たとえはもういいよ!」と突っ込んだあなたに幸あれ）。

とにかく「怒られるかもしれない」と、ビクビクしながら楽屋のドアを叩いた僕にとって、「あいよ」の返事はそれくらい嬉しかったのです。

「今日はご報告があってお邪魔しました。このたび芸名を『乾き亭げそ太郎』にして活動をすることになりました」

そう言うと、志村さんはフッと鼻で笑いました。そしてひとこと、「変な名前だな」。

「よかった〜。受け入れてもらえた」

安堵のあまり脱力する僕。

本心を言えば、やっぱり芸名は志村さんにつけてもらいたかった。しかし志村さんは師匠と呼ばれるのも照れくさいという人でしたから、僕からお願いはできませんでした。

もう一つ言うと、僕は中学生の頃、「将来志村けんの弟子になったらどんな芸名にしようか」と夢想したことがありました。あれこれ考えて「あっ」と閃いたのは「志村けん」が「市・村・県」に分解できるということです。そのときは「じゃあ俺は『しちょうそん（市町村）』にしよう」などと一人でテンションを上げていたのですが、どちらにしてもふざけた名前です。

「俺が新しい名前を考えてやる」

志村さんの他にもう一人、新しい芸名を報告しなければいけない人がいました。そうです。高木ブーさんです。

付き人を卒業したあと仕事がなくて困っていた僕は、ブーさんが経営する『ＢＯＯ'ｓ Ｂａｒ ＨＡＬＯＮＡ』で、楽しくアルバイトをさせていただきました。そこを自分の都合で辞めたあとも、ブーさんは何かにつけ僕の面倒を見てくれました。報告に行かないわけにはいきません。

「このたび『乾き亭げそ太郎』に改名しました。今後ともよろしくお願いします」

そうお伝えしたとき、意外にもブーさんは、

「何だ、その変な名前は」

と不満気でした。何も言えずに固まっている僕に、ブーさんは言いました。

「そんな名前はダメだ。俺が新しい名前を考えてやるから、ちょっと待ってろ」

しばらく考え、そしてブーさんは言いました。

「ウクレレボーヤ！」

いや、それも充分変な名前だし……とはまさか言えません。困ったあげく、結局僕は、

「すみません、この名前で事務所にも了解を取っていますので、今となってはもう変えることができないんです」

と、やんわりお断わりしたのでした。もしもこのとき、「ウクレレボーヤ」になっていたら、どうなっていたでしょうか。とりあえず、どこに出ていくにしてもウクレレを持たないわけにはいかなかったでしょうね。

今でも思い出すと冷や汗が出るスウェーデンロケの大失敗(53p)
万事休すのピンチを救ってくださったのは川上麻衣子さんだった

第四章

やさしさのカタチ

こらえきれなかった楽屋の涙

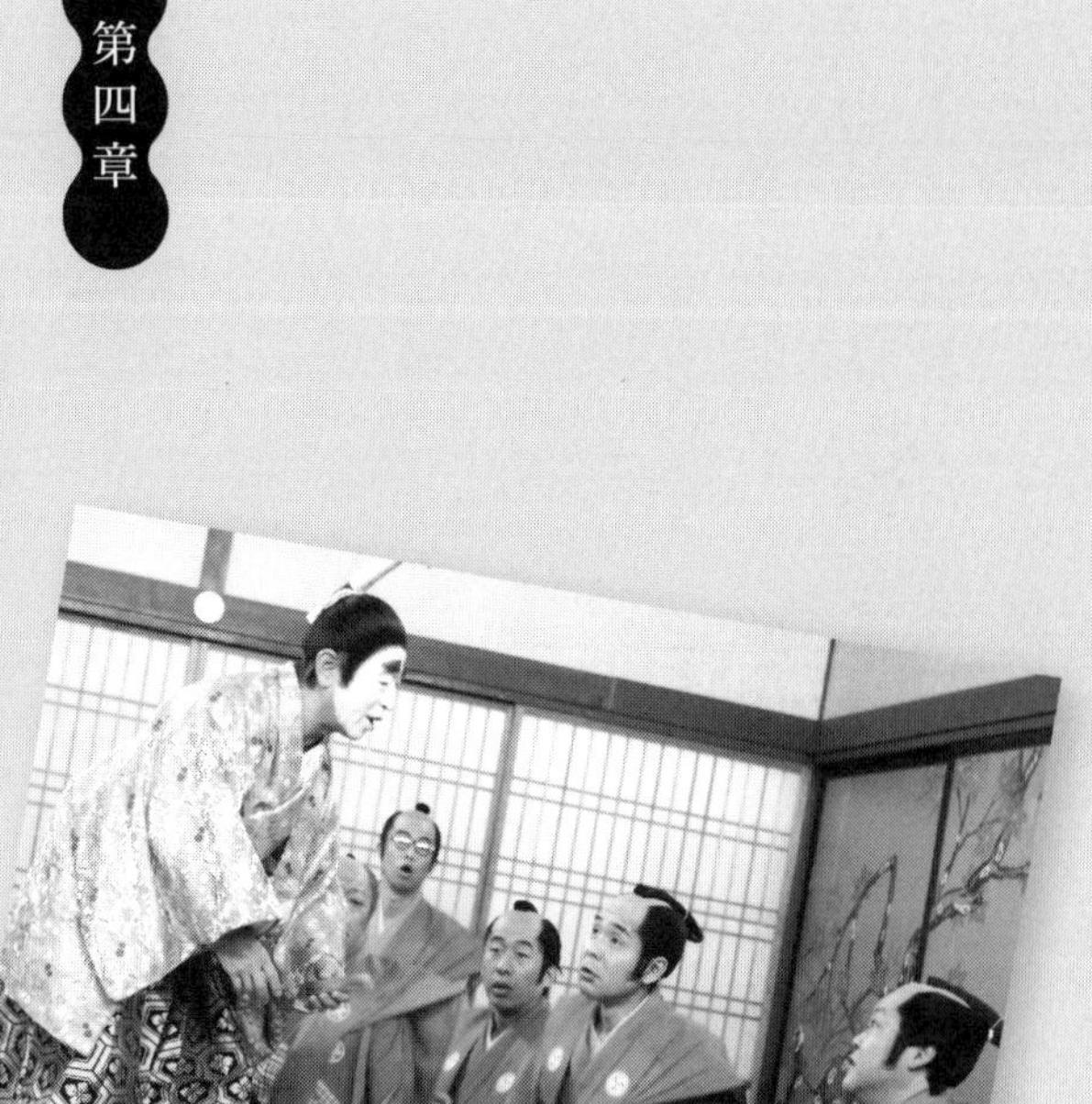

『バカ殿様』では、「メガネをかけた家来」の役をもらいました（一番奥）

ついに舞台が始まった

乾き亭げそ太郎に改名してから約三年。

相も変わらず『バカ殿様』や『だいじょうぶだぁ』などに呼んでもらいながら、親のスネならぬ師匠のスネをかじるばかりの日々を続けていた僕でしたが、一方の志村さんには大きな飛躍が訪れました。舞台『志村魂（こん）』です。

僕が付いていた頃から、「いつか舞台をやりたい」と言っていた志村さん。その思いは五十歳を過ぎた頃からますます強くなり、事あるごとに舞台への情熱を語っていました。そしてマネージャーさんの尽力もあり、ついに夢がかないます。二〇〇六年春から舞台『志村魂』がスタートすることが決まったのです。

これに先だって、志村さんのマネージャーさんから連絡がありました。

「初めての舞台で付き人も大変だろうから、サポートについてくれないか」

そう頼まれたのです。「ぜひ！」と引き受けたのは言うまでもありません。志村さんの舞台を間近で見られるのですから、願ってもない話です。

志村さんはもともと舞台の人です（『全員集合』など）。『志村魂』という舞台名には「原点に返る」「舞台に魂を込める」という思いが秘められていたそうです。

演出のラサール石井さん、大御所俳優の地井武男さん、ダチョウ倶楽部さんなど、錚々たるメンバーが『志村魂』に集まりました。稽古から志村ワールド全開で、コントでは共演者さんからスタッフさんまでみんなを笑わせ、松竹新喜劇のお芝居では喜劇役者の本領発揮とばかり、笑わせるだけでなく泣かせます。

そして四月六日。池袋の東京芸術劇場中ホールで、ついに舞台『志村魂』が幕を開けました。第一幕は『バカ殿様』から始まり、ショートコントを一〇本ほどやって休憩。第二幕は志村さんの津軽三味線から始まり、松竹新喜劇のお芝居です。志村さんは三時間ほぼ出ずっぱりで縦横無尽に舞台を駆け回り、お客さんを沸かせていました。

緞帳が下がり、楽屋に戻ってきた志村さんは汗だくで、呼吸も乱れていました。無理もありません。志村さんは当時五十六歳。その年齢であれだけ動けるほうが、むしろ不思議です。舞台裏での初日乾杯のときも、顔色からしてかなり疲れている感じでした。しかし、それでもまっすぐ帰らないのが志村さんです。

「本番を終えたあとはアドレナリンが出ているから、まっすぐ帰っても眠れない。飲んで頭をクールダウンさせないとダメなんだ」

日頃の言葉どおり、初日から劇場近くのお店で遅くまで飲んだのです。たしかに体は疲れているように見えましたが、大満足の笑顔を何度も浮かべ、心は喜びでいっぱいの様子でした。

しかし翌日から、志村さんの体は悲鳴を上げていくのです。

異変

公演二日目――。志村さんが舞台袖に帰ってきたときに、「呼吸が荒すぎる」と僕は感じました。動き回ったから息が乱れた、というレベルではないのです。

急いで薬局に行き、酸素スプレーを買いました。次にまた志村さんが舞台袖に下がったとき「酸素スプレーを置いておきます」と伝えると、「いや、大丈夫」と志村さんは言いましたが、やはりキツかったのだと思います。三日目の公演から、コントの合間に酸素スプレーを使っていました。

異変はまだ続きました。公演が進んでいくにつれて喉が嗄(か)れてきたのです。「バカ殿様」、「ひとみばあさん」、松竹新喜劇のお芝居と、三時間にわたってさまざまな声色を使うのですから、喉が嗄れないほうがおかしいのですが、志村さんは反省の言葉を口にしていました。

「マイクがあるからそんなに声を張らなくてもいいんだけど、満員のお客さんがいると思うとついつい張っちゃうんだよな。声の加減ができない俺が悪い」

そこにはやはり舞台に懸ける思いがあったはずです。その何年か前、志村さんの番組で前説をしていたとき、

「お前はちょっと声が小さいな」

と注意されたことがあります。

「どんなところでも一番後ろの壁に届く声じゃなきゃダメだ」

おかげで僕は、今は音声さんから少し嫌がられるほど声は大きいのですが、おそらく志村さんは東京芸術劇場の一番後ろのお客さんにも全力で声を届けようとしていたのだと思います。

とはいえ、喉は何とかしなければいけません。スチームの呼吸器でケアしたり、楽屋に鍼(しん)灸師(きゅうし)さんに来てもらったり、いろいろなことを試しました。

「師匠、これをお湯で溶かして飲むと喉にいいらしいです」

と、ダチョウ倶楽部のマネージャーさんが大根ハチミツを持ってきてくれたこともあります。

それ以外にも、まわりのみなさんのサポートはいろいろありました。

正直、この時期の志村さんはイライラしていました。それはたぶん、お客さんの前でベストの声を出せない自分への苛立(いらだ)ちです。付き人の子が怒られる回数も日に日に増えていくように見えましたが、志村さんはその子に腹を立てていたのではなく、声を嗄らしてしまった自分に腹を立てていたのだと思います。

それでも千秋楽まで舞台に立ちつづけた志村さん。そのわずか二日後から始まった名古屋公演のときには、ほぼ違和感がないくらいまで声を戻したのはさすがです。「やり抜く」という強い意志、まわりの人たちのさまざまなケアの結果だと思います。

パチンコ屋で文句を言った人

余談ですが、志村さんのパチンコ台がいくつかあります。最初に出たのはたしか二〇〇〇年で、「CRフィーバーしむけん」という名前の台でした。このとき志村さんは、麻布十番のパチンコ屋さんで見知らぬおばさんに怒鳴られたそうです。

「あんたのパチンコ台、全然出ないわよ!」

まったくお門違いの文句ですが、志村さんはずいぶん気にしていました。当時は時間潰しでたまにパチンコ屋に行っていたのですが、

「もう行くのはやめようかな」

と言い出したのです。そんなところにまで責任を感じるくらいですから、自分の名前が入った番組にどれほどの重みを感じていたことか。まして『志村魂』は長年の夢だった舞台で、お客さんはお金を払って劇場にやって来るのです。僕の想像をはるかに超えるプレッシャーがあったに違いありません。

同時に、スタッフさんたちには深く感謝をしていました。舞台に集中できるようにと志村さん付きになった担当の方をはじめ、小道具、舞台転換、音響照明などのスタッフさんに対して

言っていたのです。

「本当にありがたい」「この舞台のスタッフさんはすごくいい」と、何かにつけ近くにいる僕に言っていたのです。

「また舞台をやりたい」

そんな言葉も何度か耳にしました。

そして翌二〇〇七年六月から、舞台『志村魂2』がスタートします。このとき僕は座長の志村さん、はたまた同じ事務所のダチョウ倶楽部さんの強力なバーター（わかりやすく言うとコネです）のおかげで、出演者として参加することになりました。

出演者顔合わせの日。舞台製作さんが志村さんから順番に出演者の名前を読み上げていくのですが、「続いて、乾き亭げそ太郎さん」と僕の名前が読まれたとき、共演者さんやスタッフさんから笑いが起こりました。ちらっと横目で見ると、志村さんまで笑っています。

「名前だけでこんなに笑いが起きるなんて、ものすごくありがたい」

そう思うのと同時に、有吉さんと肥後さんのネーミングセンスに改めて驚かされました。

ちなみに、「乾き亭げそ太郎」に改名して最初にチャレンジしたR－1ぐらんぷりでも似たようなことがありました。予選のとき、司会者の方がネタを演じる芸人の名前を読み上げていくのですが、このときも会場から笑いが起きたのです。ネタをやったときの笑いが名前の読み上げで起きた笑いを超えられなかったのは恥ずかしかったですが……。

完璧なお手本

前にも書いたとおり、志村さんはテレビのコント番組ではほとんどリハーサルをしません。舞台ではわりとやっていると僕には感じられましたが、一つのコントのリハーサルをやったら別のコントはもうやらない、ということも多く、出演者のみなさんは「少なっ！」と驚いていたようです。

僕個人としてもリハーサルが少ないのは困りました。たまにしかセリフがないので、ド緊張してしまうのです。

これはテレビの話ですが、志村さんと優香（ゆうか）さんの貧乏親子のコントがあります。あまりにもお腹が減ってしまった親子二人が、なけなしのお金でおでんを買うのですが、いざ食べようとしたときに卵を落としてしまいます。拾おうとした瞬間、僕が乗った自転車が走ってきて卵を踏んでしまう——と、そんなコントなのですが、これもリハーサルなしの一発勝負でした。

僕がＮＧを出すなんてことはありえません。ものすごく緊張しました。若干震える手でハンドルを握り、タイヤが卵の上を無事通過したときはホッと胸をなでおろしました。

このときは志村さんがわざわざこちらに来て、「ちゃんと割れてよかったな」と言ってくれました。これも嬉しい思い出の一つです。滅多にないことなので、褒められた記憶はどれもしっかり残っています（みなさん、誰かをちゃんと褒めることは大事ですよ〜）。

さて『志村魂2』ですが、『バカ殿様』のコントで僕はメガネの家来ではなく、殿の命を狙う忍者をやりました。この忍者役で難しかったのが、暗闇の中を歩いてジモンさんのおでこに生卵をあてて割る！　というシーンです。

舞台ですから実際に真っ暗になるわけではなく、僕にはピンスポットがあたります。明るいところで暗闇の中を歩く演技をするわけですが、これが全然できません。

「慌てなくていいから」

とラサールさんは言ってくださったのですが、何度やってもそれらしく歩けません。すると志村さんが近づいてきて、

「こうやってみな」

とお手本を見せてくれました。志村さんの動きは実にしなやかで、明かりがバッチリついている稽古場なのに、本当に暗闇を歩いているように見えました。それでいてコミカル。自分と関係ない演技なのに、いきなりやって完璧でした。

「やっぱり天才だ！」

驚きながらも、教わったとおりにやってみる僕。しかし、生来の不器用さもあって動きは硬

いままでした。

「スキンヘッドにしてみない？」

二年目の舞台では、志村さんの声が嗄れることはありませんでした。一方の僕はといえば、暗闇芝居がずっとうまくならず、しかもジモンさんのおでこにあてた生卵が割れないことが何度かありました。そのたびに終演後の楽屋で、

「卵が割れず、すみませんでした。明日は割れるようにがんばります」

とあやまっていたのですが、

「あいよ」

の返事で志村さんはいつも許してくれました。

この『志村魂2』で、僕は生まれて初めて一〇〇〇人を超える人たちの笑い声を体感しました。会場によっては一〇〇〇人どころか一五〇〇人、二〇〇〇人のお客さんがやって来ます。そんな大観衆がいっせいに笑うと、最高の気持ちよさが味わえるんです――と、つい偉そうに書いてしまいましたが、それは志村さんがいるからこその笑いです。

どんな現場でも入りが早い志村さんですが、舞台では遅くとも二時間前には入っていました。前夜に深酒をしても二時間前。そして楽屋で準備を終えると、舞台で三味線の稽古をします。

『志村魂2』では、松竹新喜劇のお芝居の『一姫二太郎三かぼちゃ』も演じられました。僕はこのお芝居では反社会的な人の役をやったのですが、元が元だけに睨みを利かせてもなかなか迫力が出ません。

すると演出のラサールさんからこんな打診がありました。

「げそちゃん、スキンヘッドにしてみない？」

やれることは何でもやるつもりでしたから、すぐに頭を剃りました。人生初の経験です。

スキンヘッドになると、町ですれ違う人たちにわりと避けられるようになりました。「怪しい人だなあ」という視線もひしひしと感じました。しかし、肝心のお芝居ではなかなか迫力を出せず、いつも居残り練習になっていました。

よく考えてから芝居をしろ

『一姫二太郎三かぼちゃ』では、志村さんの役どころは「三郎」です。三郎は男ばかりの六人兄弟の三男坊で、両親の面倒を見るために田舎暮らしをしています。彼以外の兄弟は田舎が嫌で、都会暮らし。親の世話も三郎に任せきりです。

そんな兄弟がある日、久しぶりに集まります。兄の次郎は女性秘書を連れてきて、「儲かりすぎて困っている」などと羽振りのいいことを言います。しかしそれは嘘。本当は借金まみれです。秘書は実は取り立て屋で、実家からお金を取ろうと狙っているのです。

そのニセ秘書のところに、コワモテの男が訪ねてきます。これが僕の役です。志村さん演じる三郎は、コワモテの僕に座布団を足で蹴って出します。別に悪気があってのことではなく、お盆を持っていて両手がふさがっているので、やむなく足で出すわけです。

このシーンでどういう芝居をすればいいのか。僕なりに考え、座布団を蹴られたときに「この野郎！」という感じで一歩詰め寄る、という芝居をしていました。志村さんもそれに合わせて怖がるリアクションをしていたのですが、ある日言われました。

「あそこでお前はいつも一歩詰め寄ってくるけれど、あれでいいのか？」

「『この野郎！』という気持ちで詰め寄っているんですが、ダメでしょうか」

「秘書は正体を隠している。そこにお前が訪ねていく。しかもお前と三郎はあれが初対面だよな。それなのに詰め寄ってもいいのか？」

秘書は正体を隠している。二人は初対面だ。そこはまったく考えずに芝居をしていましたから、返事ができませんでした。黙ってうつむく僕に志村さんは言いました。

「もう一度考えてやってみろ」

その夜いろいろ考え、翌日から芝居を変えました。座布団を蹴られたときに目線だけ動かして三郎をにらむ、という芝居に変えたのです。それに対して志村さんも今までと違う怖がり方をしました。

これが正解だったのかどうか、わかりません。ただ、志村さんはそのあとは何も言いませんでした。おそらく志村さんは、物事を短絡的にしか考えていなかった僕に対して、

「その芝居をするまで、どれだけ深く考えたんだ？」

と問いかけたのだと思います。

楽屋の涙

翌年（二〇〇八年）の『志村魂3』では初めて福岡公演があり、鹿児島から両親、兄たち一家、親戚たちが十数人の大所帯で見にきました。

このとき僕は、親父とお袋を連れて志村さんの楽屋にあいさつに行きました。ちょっとした親孝行です。

序章で書いたとおり、僕は十七歳で家出をして上京したのですが、実はその前にも一回家出をしています。他にもいろいろとやらかしていて、せっかく行かせてもらった高校を三ヵ月で辞めてしまうなど、親にはずいぶん心配をかけました。

それが今や、端役（はやく）とはいえ舞台に出ている。しかも志村けんという大スターに引き合わせることもできる。僕としては誇らしくもあり、「これで少しは親孝行できた」と嬉しかったのですが、

ここでなんと志村さんの人見知りが発揮されてしまいました。

親父とお袋に、気まずそうに頭を下げる志村さん。空気を察知した僕は、話をしたそうにしている両親に「本番前だから」と告げ、志村さんにお礼を言い、急いで楽屋を出ました。あのとき写真の一枚でもお願いしておけば、もっといい親孝行になったとは思いますが、時間を巻き戻すことはできません。

『志村魂3』の『バカ殿様』で、僕は前年と同じ忍者役でした。それ以外にもショートコントでいくつか出番をもらいました。それからもう一つ、第二幕の松竹新喜劇のお芝居『人生双六（すごろく）』でも出番をもらったのですが、福岡公演のこのお芝居の中で、一生忘れられない出来事に出会えました。

『人生双六』では、志村さんが駅で飛び込み自殺をしようとするシーンがあります。そのとき止めに入る駅員役が僕で、

「あんたね、そんなことしたらダメだよ」

などと言います。時間にして、せいぜい一、二分のやりとりでしょうか。ところが福岡公演のとき、志村さんは突然アドリブを入れてきました。電車に飛び込もうとする志村さんは、いつもは一回押さえるとおとなしくなるのですが、その日にかぎっては何度も飛び込もうとしたのです。

「えっ！」

二回目に飛び込もうとしたとき、驚いてリアクションが遅れました。そこはアドリブを入れるような場面ではなかったからです。慌てて押さえる僕。それでも志村さんはくり返し飛び込もうとします。戸惑いながらも押さえ続けていて、

「あっ！」

と気づきました。そうです。その日は両親はじめ親戚一同が見にきた日でした。志村さんは僕との絡みをできるかぎり長く見せようとしてくれたのです。

出番が終わって楽屋に戻った僕は、そこに共演の山田将之（やまだまさゆき）さんがいるにもかかわらず、泣いてしまいました。やさしさにはいろいろな形があります。褒められることに比べれば、怒られることが圧倒的に多かったのに、不意に、しかも舞台の上でそれを見せられたら、もうダメです。

終演後、お礼を言いました。

「今日のお芝居ではいつも以上に絡んでくださってありがとうございました」

志村さんは何も言わず、ただニヤリと笑っただけでした。

「お前が俺の弟子って、恥ずかしいわ！」

そういう出来事があったからといって、決して厳しさを失わないのが志村さんのすごさの一つです。この『人生双六』の芝居について、ものすごく怒られたこともありました。出演者のみなさんと大勢で飲んでいる席で、こんなお叱りを受けたのです。

「お前の芝居は全然気持ちが入っていない。ただセリフを読んでいるだけだ！」

それまでの楽しいムードがさっと消えました。

「お前は駅員なんだよ。駅で自殺されたら、お前はものすごく困るんだよ。あれでいいのか？」

みんなの視線がこちらに集まります。

「絶対に自殺を止めるって必死さが足りないんだよ！」

「あんな芝居しかできないのかよ！」

「お前が俺の弟子って、恥ずかしいわ！」

最後の言葉はかなりこたえました。恥ずかしい思いをさせてしまっていたのだと、ショックも受けました。

「もっとしっかり考えてやれ！」

「はい……すみません」

みんなの前で怒られた恥ずかしさと、できない自分への不甲斐（ふがい）なさで、小さく返事をするのが精一杯でした。

振り返ってみれば、志村さんは六本木のおでん屋さんでこんな話をしてくれたことがありました。

「いいか、俺が何かのキャラクターを演じるときは必ず設定を作る。たとえば酔っ払いなら、その日何があって飲んだのかを考える。嬉しいことがあって飲むのと、つらいことがあって飲むのは酔い方がまるで違う。酔い方が違えば、しゃべることも違ってくる。だから俺がやる酔っ払いは毎回違う」

出会ってから一四年、僕は志村さんが演じる酔っ払いを見てきました。いつ見ても新鮮に感じて笑っていたのは、毎回違った酔っ払いだったからなんだと、僕はようやく気づきました。

そういう思いが根底にあるからか、テレビの収録でも舞台でも、志村さんが演じるキャラクターはすべて新鮮でした。同じようなコントでも、志村さんは馴れることなく常に新しいリアクションをしていたのです。

会議室でまさかのリポート

翌二〇〇九年。いつか故郷で仕事がしてみたいと思っていた僕は、夏休みの帰省のとき、鹿児島のテレビ局を全部回ってみることにしました。事前にアポを取り、さらにダチョウ倶楽部のマネージャーさんにも後押しの連絡を入れてもらって、国営から民放まですべての局を訪ねたのです。

鹿児島のテレビ局のみなさんは、初めて会う僕にやさしく対応してくれました。とはいえ、みなさんからしたら僕は見たこともない芸人です。いきなり「仕事をください」と言われても「はい、わかりました」という話になるはずはありません。

そこで頼りになるのが、やはりあのビッグネームです。志村けんの付き人をしていました。『バカ殿様』にも出ています。今は『志村魂』にも出ています――。それが相手に伝わると、どこでも場の空気が変わりました。

時に僕、三十八歳。その歳になってもまだ師匠の看板を借りていたのは情けない話ですが、そうやって各局を回っているうちに興味を示してくれたのが、ＫＴＳ鹿児島テレビでした。話を聞いてくれた部長さんが、

「今ちょうど男性タレントを探しているんです」

と言ったのです。

「そうなんですか！」

身を乗り出す僕。すると部長さんは、まったく予想していなかったことを言いました。

「ちょっとこの会議室をリポートしてもらえませんか」

これは焦りました。リポートの仕事なんてしたことはなく、どうやっていいのかわかりません。といって、まさか「できません」とは言えない……。

「ええーい、とりあえずやってやれ！」

会議室のテレビを触りながら必死にしゃべりました。あまりにも夢中だったので何をしゃべったのかまったく覚えていません。部長さんのリアクションもほとんどなかったと思います。

「また連絡します」

そう言われて東京に戻りました。一ヵ月しても、二ヵ月しても、連絡はありませんでした。

しかし三ヵ月ほど過ぎたある日、部長さんから電話がかかってきたのです。

先見の明か、変わり者か

「今度、東京でリポートをしてもらいたいんですけど、スケジュールはどうですか？」

部長さんは言いました。ソフトスケジュールで定評のある僕ですが、

「あ〜、ちょっとわからないので、事務所に確認して折り返します」

などともったいぶってから、「ちょうど空いておりました」と返事をしたのでした。

なけなしの一〇万円を持って家出をしたのも、アポなしでイザワオフィスを訪ねたのも、無謀といえば無謀です。しかし、あれこれ考えて自分にブレーキをかけるのはもったいない。動

いてみれば、良くも悪くも結果が出て、次に進むことができる。そういう思いから、僕はいつも行動を大事にしています。

さて、リポーターの初仕事です。現場はJR品川駅の中にある鹿児島ゆかりのお店。このときのことを思い出すと今でも恥ずかしくなるのですが、僕はガチガチに緊張してしまいました。「セメントで塗り固められたのか！」というくらいガチガチで、しゃべりも表情も硬い。

どうにか収録を終えたとき、「これでもう鹿児島から声はかからないだろうな」と、正直思いました。その日の夜は凹みまくりました。

しかし、部長さんは先見の明があったのか、はたまた単なる変わり者だったのか、翌二〇一〇年にまた連絡をくれました。

「一ヵ月だけ鹿児島に帰ってリポーターをやってみませんか」

そう言ってくれたのです。

「この前のリベンジができる！」

燃えました。今度はもったいぶったりせず、「やります！」と即答しました。

当時僕は、上島竜兵さんと奥さんのひかるさんに週に一度は食事に誘っていただいていました。その食事のとき、「鹿児島に一ヵ月帰ってリポーターをやります」と報告すると、二人とも「がんばってこい」と励ましてくれ、さらにひかるさんは「衣装にしなさい」と洋服を買ってくれました。

今度こそ失敗はできません。芸人さんのリポートをたくさん見るなどして、自分なりの準備を進めました。

いつしか忘れてしまったこと

二〇一〇年五月。鹿児島テレビの情報番組『げっきん！かごしま』で、リポーターの仕事がついに始まりました。

最初のリポートは、視聴者プレゼントに当選した人へのインタビューでした。「当選の秘訣は何ですか」など、いくつか質問したのですが、前回よりは落ち着いてできたと思います。プロデューサーさんやディレクターさんが僕のやりやすい企画を考えてくれましたし、初めて僕を見る県民のみなさんも温かく接してくれたので、ものすごく助かりました。

ロケをして、週一回、スタジオに出る——。これをくり返しているうち、あっという間に一ヵ月が過ぎました。我ながら下手だと思うところはたくさんありましたが、やりきりました。前回のような後悔はありません。楽しかった。またやりたい。そんな気持ちで僕は東京に戻ったのでした。

東京ではまたバイトの日々です。芸人としての仕事は、たまに呼んでもらう志村さんやダチヨウさんの番組だけ。そんな僕でも上島さんはたびたび「竜兵会」に呼んでくれました。竜兵会のメンバーのみなさんもやさしく、売れていない僕にも分け隔てなく接してくれるのが心地よく、売れているみなさんに混じって飲んでいるうち、いつしか自分が売れていないことを忘れてしまうのでした。

その後、鹿児島テレビには二回呼んでもらいました。お試し期間が終わったあと「今度は二ヵ月でどう?」と言われ、それが終わってしばらくして、「次は三ヵ月やってみない?」と言われたのです。合計約六ヵ月。この年、僕は一年のうちの半分ちかくを鹿児島で過ごしました。

この時期は、上島夫妻から本当によくしてもらっていました。奥さんのひかるさんにもいろいろお世話になり、お正月には上島夫妻に連れられて、ひかるさんの実家に遊びに行きました。

その後も何度か、お正月をひかるさんの実家で過ごしました。ある年などは上島さんが仕事で行けなくなり、僕とひかるさんの二人で帰省しました。なおかつご両親に「お帰りなさい」と言われてしまうという、なんとも不思議なお正月となったのでした。

日本一面白い夫婦

第一章で「肥後さんの言い間違いがひどい」という話を書きましたが、上島さんの言い間違いも相当なものです。

お蕎麦屋さんで、二人で飲んでいたときでした。値段を気にせず注文する上島さんを「かっこいいなあ」と思った僕は言いました。

「僕もいつか値段を気にせず注文できるようになりたいです」

「まあ、俺もメニューの値段を気にしなくなったのは五十歳を過ぎてからだよ」

時に上島さん、四十八歳。

「上島さんは四十八歳です」

と一応突っ込みましたが……。

そんな言い間違いも、ひかるさんが一緒にいるとまた楽しくなります。あるとき僕と上島夫妻で食事をしていると、上島さんは「鶏肉はヘルシーだからいいよな」と言おうとして「鶏肉はセクシーだからいいよな」と言いました。すかさずひかるさんが、

「今までそんな目で鶏肉を見ていたのか！」

またあるとき、自宅にお邪魔して三人でお酒を飲んでいたら、酔った上島さんが、

「ママ、チェック！」

と、ひかるさんに声をかけました。「ここはスナックか！」などというベタな返しをするひかるさんではありません。

「一万五〇〇〇円になります〜」

お酒を飲んでいても、瞬時にそう返せるすごさ。お二人を見ていて、非常に勉強になりました。上島夫妻は日本一面白い夫婦だと思います。

「あれはシャレだよ」

上島夫妻の話を書いていて思い出しましたが、この頃、肥後さんから貴重なアドバイスをいただいたことがあります。

『バカ殿様』の撮影のときでした。志村さんが殺陣をするシーンがあり、動きを勉強しようと撮影を見ていると、傍（かたわ）らにいた肥後さんに聞かれました。

「げそさんは誰を見ているの？」

「志村さんです」

すると肥後さんは言いました。

「逆じゃない？　斬るほうじゃなくて、斬られるほうを見たほうがいいんじゃないの？」

その瞬間ハッとしました。

「たしかにそうだ……」

いくら志村さんの動きを勉強したところで、僕が主役になる可能性はほとんどありません。

しかし、斬られ役の仕事が来る可能性ならあります。斬られる演技がうまくなれば、コントの中でしっかり志村さんと対峙できるようになれるかもしれません。

後日、肥後さんにお礼を言いました。

「あの言葉は響きました。ありがとうございました」

肥後さんは「あれはシャレだよ」と軽く受け流していましたが、そんなことはないと思います。お前はもっと自分を知れ。俯瞰で物事を見て、自分はどうするべきなのか、よく考えろ。そういう本質を衝いたアドバイスを、肥後さんはやさしい言葉で贈ってくれたのだと思うのです。

三十代も後半になっているのに、仕事はほとんどない。そんな僕にとっては、主役の座を狙うことより脇にしっかり居ることのほうがずっと大事です。そして何より、物事を一つの方向からしか見ていなかった自分に気づかされました。

肥後さんにアドバイスされてから、コントでは志村さんだけでなく、肥後さんがどう突っ込んでいるか、上島さんがどうボケているかをよく見るようになりました。そしてその結果、僕は改めて肥後さんのツッコミのすごさ、上島さんのボケの面白さを知ったのでした。

背中を押してくれた言葉

一年のうちの半分を鹿児島で過ごした二〇一〇年。十一月になって再び鹿児島テレビから連絡がありました。

「来年から鹿児島に住んでリポーターをやりませんか?」

もちろん嬉しいオファーでした。いつか鹿児島で仕事をしたい。そう思って動いてみて願いどおりの結果が出たのですから。

しかし正直、まだ東京でやりきっていないという思いもあり、悩みました。

「東京にいても志村さんとダチョウさん関連の仕事しかないし、いつまでもバイトと二足のワラジってわけにはいかないよなあ」

そう思いましたが、リポーターの仕事を一から始めて、うまくいくかどうか。鹿児島の現場に志村さんはいません。芸人の先輩たちもいません。東京の番組では、ダチョウさんやデンジャラスさん、ヤマザキモータースさん、土田晃之(つちだてるゆき)さん、有吉さんがフォローしてくれます。僕がどんなに滑ろうが、笑いに変えてくれるのです。先輩たちがいない現場を想像すると怖かったし、不安でした。

もう一つ、「リポーターとして使いものにならず、クビになったらどうしよう」という不安もありました。そうなったら、おめおめ東京には戻れません。

悩みに悩んでいたある日、肥後さんと食事をする機会があったので、正直な気持ちを話してみました。

「鹿児島でリポーターに挑戦したい気持ちはあります。でも、うまくやれる自信がありません。

失敗したらどうしようという不安もすごくあります」

肥後さんは言いました。

「俺ら芸人はもともとロクなもんじゃないんだから、もしダメだったら『ダメでした！』と笑って帰ってくればいいんだよ。そうしたら俺たちは『げそはバカだなあ』ってまた酒が飲めるんだよ」

この言葉で気持ちが楽になりました。失敗したら恥ずかしい。そんな理由でチャレンジしないのは間違いです。まして僕には、たとえ東京に出戻ったとしても笑って受け入れてくれる人たちがいる。全力でやってみよう。ダメだったら笑って帰ってこよう。そう思いました。

このときの肥後さんの言葉は、今も大事に胸にしまっています。何かにチャレンジするときには、「失敗しても笑いに変えてしまえばいいんだ」と、いつも一歩を踏み出しているのです。

太田プロに在籍したまま仕事をしたい。『バカ殿様』や『志村魂』の仕事があるときはそちらを優先させてほしい。この二つを条件に、僕は東京を引き上げると決めたのでした。

「もう自分の中で決めてるんだろ？」

それからほどなく、フジテレビの楽屋に志村さんを訪ねました。事前の連絡をしないままの訪問です。

ドアをノックして「信一です」と告げると、「はい」という低い声。

「失礼します」

志村さんは少し驚いた様子でした。

「突然すみません。今日はご報告があって伺いました。実は鹿児島テレビさんから『リポーターをやらないか』とお誘いを受けまして、やってみることにしました。東京は引き払って、鹿児島でがんばっていこうと思っています」

「いつからだ？」

「年明け早々です」

「急だな。バカ殿とかはどうするんだ？」

「事務所は太田プロのままですから、『バカ殿様』も『志村魂』も引き続き出られます。使っていただけるなら、ですが……」

するとと志村さんはニヤリと笑いました。

「もう自分の中で決めてるんだろ？」

「はい」

「だったらがんばってこい」

このときも志村さんは僕の決断をやさしく受け入れてくれたのでした。

第五章

いつか「だいじょうぶだぁ」と言ってもらう日まで

もしも「あの世」というものがあるのなら

「志村魂」の稽古中の一コマ。後列左端に少しだけ僕が写ってますよ！

僕の滞在費一〇〇万円事件

二〇一一年一月。鹿児島テレビのリポーターとしての活動が始まりました。慣れない仕事にドタバタしながらも、楽しく充実した毎日。

あっという間に二ヵ月が過ぎた頃、未曾有（みぞう）の天災が起こりました。東日本大震災です。鹿児島にいた僕にとって、津波の映像は衝撃を通り越して、映画のように感じられました。しかし現実には、東日本各地では電力不足のために町が暗くなり、スーパーの棚から商品が消え、放射能汚染の不安が広がりました。

当然のことながら、この年の『志村魂』がどうなるかしばらく不透明でした。しかし最終的に公演が決まり、僕は六月に東京に行きました。

二〇一一年の『志村魂』は東京（天王洲（てんのうず）銀河劇場）と名古屋（中日劇場）の二ヵ所での公演だったのですが、名古屋入りしたときにちょっとしたアクシデントがありました。泊まる予定だったホテルで、なぜだか僕の部屋が押さえられていなかったのです。

劇場の担当の方に連絡すると、「すみません、こちらのミスです」とのこと。すぐに部屋を手配してもらったのですが、案内されたのはまさかの最上階スイートルーム。キッチンは付いているし、ベッドはキングサイズだし、お風呂は広々としていて、もちろんすばらしい眺めです。

「えっ、ここですか？」

「はい、申し訳ありません。他の部屋は予約で埋まっておりまして、ここしかご用意できませんでした」

いやいや、何をおっしゃいますやら。こんなに豪華な部屋に泊まれる日が来るとは……。

「あの、今日だけですよね？」

「いえ、チェックアウトまでこちらでお過ごしください」

チェックアウトまで一〇日以上もあります。嫌らしい話、その夜ネットでスイートルームの宿泊費を調べてみてビックリ！　なんと一泊一〇万円です。ということは僕の滞在費は一〇〇万円以上。泊まっているホテルは違いますが、おそらく志村さんより高い部屋です。

そう考えたら恐縮しまくりでした。そしてここが僕のいけないところで、恐縮のあまりキングサイズのベッドの端に寝るわ、ゴミはなるべく出さないわ、タオルは一日一枚と、ほとんどシングルルームに泊まっている感覚で過ごしたのです。

「お前、スイートルームに泊まっているらしいな」

公演中のある日、志村さんに聞かれたので「はい」と答えると、

「座長の俺よりいい部屋に泊まってんじゃないよ！」

と突っ込まれました。

人生で一番嬉しかった仕事

この年の年末だったたか、明けて二〇一二年の新春だったたか、記憶が定かではないのですが、志村さんが旅番組のロケで鹿児島に来ました。ダチョウ倶楽部の上島さんも一緒です。そのことを知った僕は、『指宿いわさきホテル』に志村さんを訪ねました。特別な用事があったわけではなく、あいさつに伺ったのです。

「お前も飯を食っていけ」

ということになり、ロケスタッフさんもいる食事にご一緒させていただきました。するとその席で、志村さんはディレクターさんにこんな提案をしました。

「こいつの出番をどこかで作れないかな」

僕を指してそう言ったのです。これには驚きのあまりちょっと固まりました。

「明日の朝のロケで、げそ太郎さんが焼酎を持ってあいさつに来るっていうのはどうです？」

とディレクターさん。あまりの展開の速さに戸惑いましたが、こんなチャンスはもう二度とないでしょう。

「お前、明日は仕事ないんだろ？」

「は、はい」

「じゃあ泊まっていけ」

そんなわけで、その夜はマネージャーさんの部屋に泊めてもらいました。

そして翌朝。ホテルの庭でくつろいでいる志村さんに、

「志村さーん」

と呼びかけて駆け寄り、焼酎を渡す、というシーンを撮影しました。まるで夢のような時間だった――と文章にすればそれだけです。でも、僕はこれまで山のように志村さんに怒られてきたのです。「お前が俺の弟子って恥ずかしいわ！」と言われたこともありました。

そんな志村さんがわざわざディレクターさんに提案してくれて、予定にはなかった僕の出演シーンを作ってくれたのです。ようやく少しは認めてもらえたのか、「鹿児島でがんばれよ」という激励の気持ちでそうしてくれたのか。いずれにしても僕は感無量でした。嬉しさでこのときを超えた仕事は、今もまだありません。

やっぱりお笑いが好きだ

リポーターの仕事をしながら、『バカ殿様』や『志村魂』に参加する。そんなふうに過ごしていた二〇一三年一月。鹿児島でお笑いをやりたいという人たちに声をかけ、お笑いライブを立ち上げました。

立ち上げメンバーは、僕を含めて五人。ライブ名は『ぬれたんふ』。五人がそれぞれ好きな平仮名を一文字ずつ出して組み合わせました。

このお笑いライブを立ち上げたのは、志村さんの影響です。ある年の番組改編の時期、コント番組を一ヵ月以上も収録しないことがあったのですが、そのとき志村さんは、

「一ヵ月もやらないでいると感覚が鈍る」

と言っていました。その言葉はずっと僕の中にあって、とりわけ鹿児島に帰ってからは何度も思い出しました。

自分は今、リポーターの仕事でテレビには出ている。でも、お笑いの仕事は『バカ殿様』と『志村魂』以外はやっていない。志村さんでさえ一ヵ月もコントを作らないと感覚が鈍ってしまうのに、自分はネタ作りをまったくやっていない。お客さんの前でネタをやることもない。それで「僕は芸人です」なんて言えるのか？

そんな思いからライブを立ち上げたのです。『ぬれたんふ』の主催は、現在は後輩に譲っていますが、まだ細々と続いています。時間があれば僕もネタをやらせてもらっています。

ステージに立つたびに思うのは、

「やっぱり自分はお笑いが好きだ」

ということです。

どうして「それ」ができるのか？

二〇一四年の『志村魂』では、松竹新喜劇のお芝居は『一姫二太郎三かぼちゃ』でした。僕が演じたのは、前回と同じ反社会的な取り立て屋。しかし、この年は実際に取り立てをするシーンを演じることになり、セリフが大幅に増えました。

ところが、またもうまくいきません。ドスを利かせて脅すセリフにどうしても迫力が出ないのです。ただでさえ見てくれが気弱な感じの僕なのに、脅しのセリフがうまく言えないのですから、どうにも困った話です。

そんなある日、稽古場で僕の芝居を見ていた志村さんが、

「こうしてみろ」

と突然お手本を見せてくれました。座り方、背広の広げ方、相手役の手の払いのけ方といった一連の動きを教えてくれたのです。どれも惚れ惚れとするような所作でした。どこかで習ったわけでもないのに、どうしてそういう人だと一発でわかる動きができるのか、不思議なくらいです。

思えば、前年にも同じようなことがありました。廃品回収員役の僕が段ボール箱に座る。しかし、段ボール箱に中身が入っていないために「ズボッ」とつぶれてしまう。そして手に持っ

ていたどら焼きを落としてしまう――というシーンがお芝居の中にあったのですが、全然うまくできませんでした。段ボール箱がつぶれるとわかっているので座り方がぎこちなく、手に持っているどら焼きもうまく落とせないのです。

このときも志村さんは、「こうだ」とお手本を見せてくれました。その所作も本当に見事で、「尻もちをついてどら焼きを落とす」という演技を一発できれいに決めました。

他人のシーンなのに、どうしていきなり完璧に決められるのか？「こうなる」とわかっているのに、不意をつかれたリアクションを取るのが抜群にうまいのは、なぜなのか？じっくり考えてみたことがありますが、やっぱりよくわかりませんでした。

ただ、志村さんは普段から人間観察をしていたとは思います。人はこういうとき、こんなリアクションをする。そんなデータが頭の中に大量にインプットされていたのかもしれません。

もう一つ、これは前にも少し書きましたが、志村さんはいつも新鮮な気持ちでコントと向き合っていました。今まで何度となくやってきたコントでも、飽きずに全力で取り組む。そして初めてそのコントをやっているように見せる。その膨大な積み重ねがあったから、どんなシーンでも瞬時に演じることができたのかもしれない、などとも思います。

「げそ」と「ハゼキ」

二〇一四年の『志村魂』では、嬉しい出来事が二つありました。

一つは、名古屋公演のお酒の席でのことです。スタッフさんや共演者さんたちとお芝居の話をしていた志村さんが、

「げそはもう少しドスを利かせないとな」

と言ったのです。そのとき僕は「えっ」と耳を疑いました。不意をつかれすぎて、「もしかして聞き間違いかもしれない」と思ったのです。

読者のみなさんは「それのどこが驚きなのか」とお思いでしょうが、このとき志村さんは初めて僕を「げそ」と呼んだのです。それまでの約二〇年、ずっと本名の「信一」だったのに。

初めて芸名を呼んでもらった！　嬉しくてたまらなかったけれど、

「もう少しドスを利かせろ」

とダメ出しをされているわけですから、喜びは表に出せません。志村さんにバレないようにうつむきながら、僕はニヤニヤしたのでした。

もう一つ、リハーサルで桑野信義さんの代役をしていたとき、

「ハゼキはここでこうしろ」

と志村さんが突然言ったのです。

「いやそれ、僕の本名じゃないですか！」

そう返すと、まわりの共演者さんやスタッフさんから笑いが起きました。このときも本当に嬉しかったですね。今度は初めて苗字で呼んでもらって、志村さんとの距離がぐっと縮まった気がしました。

距離というのは、芸人同士のそれではありません。師匠と弟子の距離が縮まった気がしたのです。というか、志村さんが距離を縮めてきてくれた。そんなことは過去に一度もありませんでした。

しかし翌二〇一五年、僕は一つの大きな決断をします。約一四年間お世話になった太田プロダクションを辞め、鹿児島で一人でやっていこうと決めたのです。

事務所を辞めるのですから、『志村魂』や『バカ殿様』は当然降りなければいけません。つまり志村さんとは、ほぼ別々に生きていくことになる。せっかく縮めてもらった師弟の距離を、僕は自分からまた広げるような決断をしたのです。

二度目の卒業

もちろんそれには理由があります。

鹿児島でテレビの仕事をさせてもらえるようになって四年。毎年夏は三ヵ月ほど『志村魂』のために鹿児島を離れ、年末も『バカ殿様』の仕事で東京に行く。

「鹿児島でやるぞ」

という強い意志を持って帰ってきたものの、そのわりには鹿児島を留守にすることが多かったわけです。そんな自分に対して、「本当にそれでいいのか？」「中途半端な立ち位置になっていないか？」と、僕はやがて疑問を持つようになりました。そして最終的に、事務所を辞めようと決めたのです。

二〇一五年春。志村さんに会うために東京に行き、気持ちを伝えました。

「今年で太田プロを辞めて、来年から鹿児島でやっていきたいと思っています。つきましては『志村魂』を卒業させていただきたいと思っています」

「バカ殿はどうなるんだ？」

「やらせていただきたいのですが、そういうわけにもいかないと思います」

少しだけ沈黙がありました。

「鹿児島でやっていけそうか？」

「わかりませんが、がんばってみます」

「わかった。しっかりやれよ」

志村さんはそう言って笑ってくれました。

この年の『志村魂』は僕にとって最後の『志村魂』になりました。お芝居は相変わらず不器用でしたが、それでもダメ出しは年々減っていたと思います。

志村さんに付いてから二〇年以上が過ぎたある日、「お前はまだ俺に緊張しているよな」と言われた——というエピソードを第一章で書きました。それはこの二〇一五年の『志村魂』での出来事です。二十三歳で付き人になってからずっと、僕が志村さんの前で緊張しなかったことは、ただの一度もありません。でも、そういう存在が僕の人生にあったのはものすごくありがたいことでした。

弟子にも人見知りする人

鹿児島での活動に専念していた僕は、恥ずかしい話、自分が出ていない『バカ殿様』を二年くらい見られませんでした。自分で決めたことなのに、変なプライドがあって目をそむけていたのです。

なんともみっともない。これじゃいけない。そう思い直して、とりあえず『志村魂』を見に行ったのが、二〇一六年八月の名古屋公演でした。

初めて客席から見る『志村魂』。これが面白いのなんの！　ネタもオチもわかっているのにゲラゲラ笑ってしまうのです。

その後の『志村魂』はずっと観客として見ています。もちろん毎回必ず志村さんにあいさつをしていましたが、事務所を辞めてからは『志村魂』の楽屋が年に一回の志村さんと会う場となってしまいました。

志村さんとは年に一回しか会わない。そうすると何が起きるか？　なんと人見知りが出てくるのです。

「信一です。今日、鹿児島から来ました」

楽屋を訪ねてあいさつをすると、照れ笑いを浮かべながら、

「おう」

と小さく答える志村さん。僕に対して明らかに人見知りをしています。

「いやいや、もう二〇年以上も付いているんですけど……」

そう思いながらも、

「勉強させていただきます」

と楽屋を後にするのが、毎年の恒例行事となりました。

いつのことだかハッキリと思い出せないのですが、ある年『志村魂』を見ていて、ふと志村さんの言葉を思い出しました。

「笑いは間が大事。どんなにくだらないネタでも、間がよければ人は笑う。ミュージシャンはリズム感があるから、間がいい人が多い」

そういえばドリフターズも、もともとはバンドです。いつかはドリフターズのようなグループを結成したい。それが僕の子どもの頃の夢でした。もう一度その夢を追いかけてもいいのではないかと、いつしか僕は考えるようになりました。

ドリフとまではいかなくても、笑いと音楽を融合させてみたい。いつかコミックバンドを作ってみたい。それが今の目標の一つです。

予兆

二〇一九年七月。この年の『志村魂』は大阪の新歌舞伎座で見ました。いつものように楽屋へあいさつに行ったときのことです。

「お疲れさまです。信一です」

ドアを開けると、「おう、来たか」と志村さんは僕に笑いかけました。

「えっ」

このときも、思わず固まってしまうほど驚きました。これも読者のみなさんにはわかりにくいでしょうが、人見知りをする志村さんが疎遠になっている相手に笑いかけることが、そもそも滅多にありません。まして僕は弟子です。付き人になってから二十五年目のそのときまで、志村さんが自分から先に僕に笑いかけたことは、たぶん一度もなかったと思います。

あのときの笑顔は、今も鮮明に覚えています。

楽屋を出た僕は、付き人の末永くんに思わず自慢してしまいました。

「志村さんが自分から先に笑いかけてきたよ」

すると末永くんは、

「よかったら、バカ殿様に着替えたあと一緒に写真を撮りますか？」

と提案してくれました。

「いや、今までと違うことばかりになるのは何だか怖いから、やめておくよ」

そう言って僕は客席に向かったのですが、あそこで写真を撮らなかったことが悔やまれてなりません。どこの世界でも同じでしょうが、師匠と弟子が改まってツーショット写真を撮ることなんて、まずありません。少なくとも僕にはそんな機会は一度もありませんでした。

翌二〇二〇年二月。十九日から二十日にかけて、東京に行く用事がありました。志村さんの誕生日は二月二十日ですから、「今年は誕生会に参加できるかもしれない」と思って、末永くんに連絡してみました。

すると「今年は二月二十二日の開催なんです」とのこと。さすがに二日も滞在を延ばすことはできず、鹿児島に帰りました。

速報テロップ

それから一ヵ月あまりが過ぎた三月二十五日。

志村さんが新型コロナウイルスに感染して重篤（じゅうとく）な状態になっている――というニュースが流れました。末永くんに連絡を入れると、

「正直、ギリギリのところです」

との返事でした。

この時点では、鹿児島では新型コロナ感染者は一人も出ていません。ですから、僕はまだこの病気についてほとんど何も知らず、また詳しく知ろうともしていなかったので、楽観的に構えていました。

「重篤とはいってもあの志村けん、あのイザワオフィス。最先端の治療を受けているに違いない。大丈夫だろう」

そう思っていたのです。新型コロナを完全になめていました。

三月三十日。その知らせは突然やって来ました。お昼の生中継のため、そろそろ家を出ようと思っていたとき、携帯が鳴ったのです。

画面を見ると川野さんでした。川野さんは僕が付き人だった頃、志村さんのメイクを担当していた人です。志村さんが入院したというニュースが流れたとき、一五年ぶりくらいに川野さんから連絡があったのですが、それからほんの五日でまた電話が来たのです。

「なんで?」

胸がざわつきました。通話ボタンを押すと、すすり泣く声が聞こえてきました。

「川野さん?　どうしました?」

次の瞬間、信じがたい言葉が返ってきました。

「しんちゃん、志村さんが亡くなった……」

「え?」

動悸が激しくなるのを感じました。

「NHKで速報が流れた」

そう言われて、すぐにテレビをつけました。

「速報なんて出てませんけど」

「民放ではまだ流れてないけど、NHKで流れた」

「いや、何かの間違いでしょ。そんなわけないですよ」

ところが、ついに僕の見ているテレビにも速報が出ました。チャンネルを変えると、各局とも「志村けんさん死去」のテロップを流しています。

まったく気持ちの整理がつかないまま、僕と川野さんは声を上げて泣きました。

悲しみを集約した言葉

「気持ちを入れ替えなければいけない」

泣いているさなか、そう思いました。僕はこれから生放送に出るのです。しかし、川野さんとの電話を切ったあとも、気持ちはまるで入れ替わりませんでした。

「こんなとき、志村さんならどうするだろう？」

混乱しながらも、考えてみました。

大切な人が亡くなったという知らせが来たとき、志村さんはきっちり仕事をしていました。普段とまったく同じテンションで、コミカルに動き回っていました。そして、仕事が終わったあとに静かに故人を偲んでいました。

「とにかく今日の仕事をしっかりやろう」

うまくできるかどうかわからないけれど、とにかく全力でやると決めて、仕事場に向かいました。

その日のうちに取材依頼が何件か来ました。お世話になっている鹿児島テレビ、地元の新聞社、全国ネットのワイドショーから「話を聞かせてほしい」という連絡があったのです。しかし、とてもじゃないけど何かをしゃべれる状態ではありません。

自分は志村さんにとって誇れる弟子だったのか？　たぶんそんなことはありません。そんな僕が志村さんについて何かを語るのはおこがましい——という気持ちもあって、取材依頼はすべて断わりました。

夜になって自宅で呆然としていると、上島さんの奥さんのひかるさんから、ＬＩＮＥが来ました。

「いま家？」

「はい、家です」

「ビデオ通話していい？」

「はい、大丈夫です」

そんなやりとりをしたあと、ＬＩＮＥのビデオ通話に出ると、ひかるさんと上島さんが画面に映りました。二人とも目を赤くしています。

「あのハゲ死んじゃったな」

上島さんが泣きながら言ったこの言葉に、僕の涙腺は完全に崩壊しました。志村さんと二〇年以上もずっとお酒を酌み交わしてきた上島さんの悲しみが、そのひとことに集約されていました。

再会

ひかるさんも泣いていましたが、

「いくら流行が好きだからって、この流行には乗らなくてよかったのにな」

と僕を笑わせようとしてくれました。

「今日だけは泣いて、明日からは面白いエピソードを話していく」

上島さんは言いました。芸人がテレビの前で泣くわけにはいかない。悲しみは自分の中にとどめて、これから出る番組では志村さんの面白さだけを伝えていく。そういうことなのだろうと僕は理解したのですが、そのときふと、取材依頼があったことを思い出しました。

「実は今日、いくつか取材依頼があったんですけど、断わりました」

すると上島さんは表情を変えました。

「それは受けなきゃダメだ。師匠がお前にくれた仕事なんだから、受けないとダメだよ」

ひかるさんにも同じことを言われました。

「そうか。あれは志村さんがくれた仕事なんだ」

そう思い直して、翌日からの取材依頼はすべて受けました。その中でわりと大きな反響があったのが文春オンラインさんのインタビュー記事で、たぶんそれをお読みになったのでしょう。二十数年前に出会った懐かしい人から、僕のツイッターにコメントが来ました。

「けんさんとあなたは毎日のように六本木にリムジンで来られてましたね。地下鉄工事で当時ガードマンだった私は、今日ここに停めてと案内しました。（略）今回のけんさんの件、本当に辛いです」

付き人時代、六本木で志村さんのリムジンを工事現場に入れさせてもらっていた——というエピソードを第一章で書きましたが、なんとなんと、あのときのガードマンさんがコメントしてくれたのです。

これは本当に嬉しい出来事でした。人と人との縁というのは本当に不思議だと思いながら、僕はこのコメントに大きな元気をもらったのでした。

お母さんの厚揚げ

志村さんが亡くなってから七ヵ月ほどが過ぎた二〇二〇年十月。ようやくお墓参りに行くことができました。肥後さん、上島さん、ダチョウ倶楽部のマネージャーさん、スタイリストさんと一緒のお墓参りでした。また、それから二週間後にはご実家にお邪魔させていただき、お兄さんのご家族にもごあいさつをしました。

お兄さん夫妻とは久しぶりの再会です。

「ハゼキさんが付いていた頃は、本人が元気があって一番大変だったね」

そう労っていただき、昔話に花を咲かせました。

「けんさん、晩年は自分から『写真を撮ろう』って言い出したりしていたんですよ」

「ええっ！」

「信じられないでしょ。ハゼキさんがいた頃はあんなに写真が苦手だったのにね」

お義姉さんはそう言って、甥っ子さんのお子さんと一緒に笑っている志村さんの写真を見せてくれました。

実は僕は、志村さんのご実家にも思い出がたくさんあります。

お盆や年末、志村さんを送っていくと、お母さんはいつも厚揚げを作っていました。志村さんはお母さんの厚揚げが大好きだったのです。僕もいただいたことがあって、甘辛くておいしかった。自分も作ってみようとレシピを教えてもらったけれど、どうやっても同じ味は再現できませんでした。おふくろの味というのは、そう簡単に真似できるものではありません。

あるとき、志村さんをご実家まで送ると、「晩飯を食っていけ」と言われました。お言葉に甘え、まだ昼過ぎなのにお邪魔すると、志村さんは一人でパチンコに行きました。残された僕はお母さんと一緒に三時間ほどテレビを見ました。付き人をしていた七年間、お母さんには毎年お年玉を頂戴していました。

志村さんが亡くなってから、まもなく一年。

コントはテレビなどでよく見ています。しかし、キャラクターに扮装していない素に近い志村さんの映像は、まだ見ることができません。

いつか聞いてみたいこと

志村さんが亡くなった翌日、自宅に遺影を置きました。それから今日まで、毎朝グラスに焼酎を注ぎ、「おはようございます」とあいさつをしています。

遺影の横には、水着姿の女性の写真を飾っています。ダチョウ倶楽部のマネージャーさんのはからいでフジテレビのメイクさんにもらった「バカ殿様」のメイク道具も飾っています。そして毎晩、もう飲めなくなってしまった志村さんにかわって焼酎を飲んでいます。お酒はからっきしダメな僕ですから、一対九のお湯割り。もちろん一が焼酎です。こんな飲み方を見たら、志村さんは怒るでしょう。

「酒が泣いてるわ」

と。しかし、そこは大目に見ていただきたい。いずれ二対八になり、三対七にしますから、長い目で見てください。

師匠と弟子。それはよく親子にたとえられますが、やっぱり親子とは少し違います。僕は弟子として、たぶん志村さんが家族には決して見せなかった喜怒哀楽を見てきました。

ひどく不誠実なことをしたある人の胸ぐらを摑んで怒っている姿。「誰も俺を褒めてくれない」と寂しそうにつぶやいた横顔。お付き合いしている女性とケンカをして、泣いている背中。仕事終わりにお酒を飲んで、楽しそうに笑う姿。どれも鮮明にまぶたに焼きついています。

「今、志村さんに何を伝えたいですか？」

あれから僕はいろいろな人にそう聞かれました。正直、何を伝えていいのかわかりません。感謝の気持ちを伝えたいけれど、何をどう言っても足りない気がします。かといって、「これから僕は志村さんのような芸人になります」なんて、とてもじゃないけど言えません。

二〇二〇年十一月、ある少年と出会いました。耳が不自由な男の子です。彼は必死に、何かを僕に伝えようとしていました。手話ができる人に通訳してもらうと、その子が言おうとしていたのは、

「あなたは志村けんの友達ですか？」

ということでした。僕は「弟子だよ」と答え、「アイーン」をやりました。するとその子はケタケタと笑いました。

ここでも志村さんのすごさを思い知らされました。僕がアイーンの動きをなぞっただけで、

耳の聞こえない少年は笑ったのです。つまりアイーンは「音」という壁を乗り越えている。志村さんのギャグは海外でもウケていましたが、それは当然のことでしょう。音の壁に比べれば、国境の壁なんて微々たる問題なのですから。

「今、志村さんに何を伝えたいですか?」

この質問には、今もまだ答えられません。ただ、動きや表情だけのお笑いを今後やっていきたいとは思っています。その準備もしています。

志村さんのコントの技術は、たぶん僕には受け継げません。でも、志村さんの仕事に対する考え方、物事に取り組む姿勢だったら僕にも受け継ぐことができるはずです。それをみなさんに伝えることもできます。そんな思いで、この本を書きました。

もしも「あの世」というものがあるのなら、いつの日か志村さんと再会したとき、真っ先にこう聞いてみるつもりです。

「乾き亭げそ太郎という芸人は、どうでした?」

そのときに志村さんに、「だいじょうぶだぁ」と言ってもらえるよう、これからも努力を重ねていこうと思います。

忘れがたいスウェーデンロケ（52p）の合間に撮ってもらったスナップ写真。あのとき、僕が大事なカバンを紛失しても、志村さんは少しも怒らなかった

あとがき

最後まで読んでくださったみなさん、ありがとうございました。

志村さんが亡くなって一年がたとうとしていますが、今でも亡くなった実感はなく、ふとした瞬間に顔や声が脳裏によぎります。

この一年、テレビで放送された『バカ殿様』や『ドリフ大爆笑』などを見ていて、「ああ、ここで着替えに手間取って怒られたなあ」とか、「このとき小道具を確認していなくて怒られたなあ」などと、いろいろ思い出しました。そして、僕が子どもの頃に憧れた「ザ・ドリフターズの志村けん」が、変わらず画面の中で輝いていました。

志村さんとコントで共演させていただき、笑わされたことはたくさんありましたが、僕が笑わせたのはたった一度しかありません。

志村さんの深夜番組のコントに、コワモテ役で出たときのことです。ダチョウ倶楽部の肥後さんに無言で詰め寄り、「あんた、お釣りの五〇円を忘れただろ」とお釣りを渡す——というオチのコントだったのですが、僕はそのあとにアドリブを入れました。「慌(あわ)てん坊(ぼう)だな」と、肥後さんのおでこをちょこんと突っついたのです。ちらりと志村さんを見ると笑っていて、僕は心の中でガッツポーズをしたのでした。

志村さんが亡くなってから「本当に残念です」と、たくさんの人に言われました。SNSでも励ましのコメントを多数いただきました。「日本中の人に愛されていた人が自分の師匠だったんだな」「その人にたくさんの教えをいただいていたのだな」と、改めて実感しています。

あれから志村さんに関するお仕事をたくさんいただきました。この本もその一つです。本の中にも書きましたが、志村さん関連の仕事しかしていない自分が不甲斐なく、情けなくて一人立ちしたのに、結局僕は今の今まで、いや、これから先もずっーと、師匠のスネをかじっていくことになると思います。

僕が志村さんに教えてもらったことが、誰かの役立つことなのか、わかりません。でも、この本に書いたことが誰かの役に立ち、誰かの背中を押せるのなら、それは志村さんも喜んでくれるはずです。

この本を書くにあたって、たくさんの方にご協力いただきました。

本書の刊行を快諾してくださった、イザワオフィスさん。僕がお世話になっていた太田プロダクションさん。

その太田プロダクション所属で、帯に推薦の言葉を寄せてくださったダチョウ倶楽部の肥後克広さん。肥後さんはいつもマイペースで飄々としているけれど、僕の人生のここぞというときに、大切な何かを気づかせてくれました。

同じく帯に推薦の言葉を寄せてくださったダチョウ倶楽部の上島竜兵さん。上島さんが「師匠がくれた仕事なんだから受けないとダメだ」と言ってくれなければ、僕はこの本は書いていませんでした。

ダチョウ倶楽部のマネージャーの重成静香さんからは、僕が知らなかった志村さんのエピソードをたくさん教えていただきました。

イザワオフィスの井澤秀治さん。僕が付いていたときに志村さんのマネージャーをしていた勝田哲夫さん。そのあとにマネージャーになった西和浩さん。亡くなるまで志村さんに付いていた末永光くん。ＫＴＳ鹿児島テレビのみなさん。志村さんのご遺族のみなさま。そして何よりいま僕が出会えているほとんどの方との縁をつくってくれた師匠志村けんさん。

本当にありがとうございました。

この本を読んだあと、読者のみなさんがこれまでと違った視点で志村さんのコントを見て、楽しんでくださるのなら、本当に嬉しいです。

令和三年二月

乾き亭げそ太郎

乾き亭げそ太郎　［かわきてい・げそたろう］

本名・櫨木信一。1971年、鹿児島県生まれ。94年、志村けんに弟子入りし、7年間付き人を務める。97年から2016年までTV番組『志村けんのバカ殿様』に〝メガネをかけた家来〟としてレギュラー出演。舞台『志村魂2』(07年)〜『志村魂10』(15年)出演。芸名の命名は有吉弘行氏と肥後克広氏。2010年から鹿児島でローカルタレントとしての活動を始め、現在は鹿児島テレビ『かごニュー』『見っどナイト』などで活躍中。かごしま漬物大使。温泉ソムリエ。

我が師・志村けん　僕が「笑いの王様」から学んだこと

2021年2月28日 第1刷発行

著　者　乾き亭げそ太郎
発行者　岩瀬 朗
発行所　株式会社集英社インターナショナル
〒101-0064 東京都千代田区神田猿楽町1-5-18
電話 03(5211)2632
発売所　株式会社集英社
〒101-8050 東京都千代田区一ツ橋2-5-10
電話　読者係 03(3230)6080
販売部 03(3230)6393(書店専用)
印刷所　凸版印刷株式会社
製本所　加藤製本株式会社

定価はカバーに表示してあります。本書の内容の一部または全部を無断で複写・複製することは法律で認められた場合を除き、著作権の侵害となります。造本には十分注意しておりますが、乱丁・落丁(本のページ順序の間違いや抜け落ち)の場合はお取り替えいたします。購入された書店名を明記して、小社読書係宛にお送りください。送料は小社負担でお取り替えいたします。ただし、古書店で購入したものについてはお取り替えできません。また、業者など、読者本人以外による本書のデジタル化は、いかなる場合でも一切認められませんのでご注意ください。

©2021 Gesotaro Kawakitei Printed in Japan
ISBN 978-4-7976-7395-1 C0095